日本語教育への道程
―― 日本語・日本事情の授業の軌跡 ――

橋本 澄子

溪水社

まえがき

　長い年月、16年もの間、「日本語」・「日本事情」の授業に取り組んで、日本語教育への道を真摯に歩まれた橋本澄子さんが自らの授業の軌跡をまとめ、『日本語教育への道程』として刊行されることになった。橋本澄子さんは、本書第Ⅱ編に「日本事情」「日本文化」の授業記録5編と「日本語スピーチコンクール」指導記録、計6編を収め、第Ⅲ編には、「日本語」「日本事情」の授業記録（考察を含む）2編を収められた。これらは中国天津市南開大学で実施され、また鳴門教育大学や徳島大学で実施された授業（指導）の記録である。

　南開大学で行われた、「日本語スピーチコンクール」への指導途上で、橋本澄子先生は、「21世紀の私」という題下にコンクールに出場する郭玉琦さんの指導に先生方と共に当たられた。

　「『もうこれでよし。自信をもって。』と送り出した私（橋本澄子先生）には、まだ心にひっかかるものが残っていた。最後の段落を『21世紀はもう目の前だ……』というアメリカの学生のことばを引用して結んでいる点である。自分のことばで結んだほうがよいという思いがもちあがっていた。

　コンクールまであと1週間、という夜遅く、彼はまた宿舎に現れた。本番ではスピーチのあと、審査員から質問があり、これに答えることになっているが、それを予測して34の質問を作り、考えを書いたので、見てほしいと言う。その意欲に圧倒された。（実際には、審査員からの質問は四つのうち三つまでが、この中にあった）これを見たあと、このエネルギーならだいじょうぶと思い、自分のことばで結ぶことを提案してみた。反応は早かった。前段の主張をまとめる形で力強い結びのことばができあがった。そして『先生は国慶節の休み（10月1日より1週間）の間も、私のスピーチのことを考えてくださったのですね。』とにっこりしてくれた。」（本書、20ページ）

i

この指導場面は、本書の中でも最も心うたれる1節である。周到で慈愛に充ちた指導が行われている。こういう本格的で創意にあふれた指導事例（教育営為）は、本書の随処に見いだすことができる。

　本書第Ⅳ編には、鳴門教育大学・徳島大学における実践記録が収められている。いずれも橋本澄子さんならではの独自の示唆深い指導・考察がなされている。

　苦労を苦労とせず、いつも希望を持って歩まれた橋本澄子さんのすぐれた教育営為が本書に豊かにみのったことを心から喜ぶと共に、今後一層のご健勝・ご活動を祈ってやまない。

　2002（平成14）年6月6日

　　　　　　　　　　　　広島大学名誉教授
　　　　　　　　　　　　鳴門教育大学名誉教授　野　地　潤　家

はじめに

　1985年4月、大分市にある日本文理大学附属日本語専門学院に、とにかく来てほしいと招かれたのが、私の日本語教師としての出発であった。もともと国語教師だから、日本語の教師もできるはずだとのこと。教科書を手に、異国（台湾）からの留学生の前に立った時、足がふるえた。「先生、大丈夫よ！」と女子学生の声がした。この日本語をこんな場で使えるように教えた人がいたと識った。好意的な笑顔でみつめる20人を前にして、なんとかこの人たちの力になりたいと私は願った。

　「国語教師ならできる」という仕事でないことは、その日のうちに判った。その日から16年、手探りの歩みを続けてきた。その軌跡をここにまとめることにした。

　第Ⅰ編では、日本語教師としての出発の前に、「話しことばの教育」、そして、「作文教育」との出会いがあり、それらが日本語教師としての私の姿勢を形づくっていることを述べた。

　敗戦後、すべての価値観が逆転したような精神的な混乱のなかで、愛媛県立城北高等女学校の教壇にお立ちになった野地潤家先生は、「同じ若き日にささげた苦しみを通して、ふたたび学ぶ心境には、他のあらゆる世代と異なった意味で相通うものがある。」「学問的空白にたじろいではならぬ。」と説かれ、「美しき話しことばを求めて」13回の講義をなさった。砂漠で慈雨に逢うように、引き揚げ後のすさんだ心身は癒されていった。「ことばを求めることは　人生を求めること」という先生のお考えは、その後の私の営みの出発点であり、帰るべきところ─原点になった。

　作文教育・文集との縁─えにし─は、故蒲池文雄先生との出会いにある。先生は、作文教育に関して、西も東もわからない学生に、研究室を提供して、愛媛大学におけるサークル活動「作文の会」を始めてくださった。

「国語科作文か生活綴方か」という議論が渦巻く時代であった。先生は、「未来の魂の技師」としての学生を育てようとしておられた。卒業後も作文の会の会友として、機関誌「坊ちゃん列車」への寄稿をもとめられた。それだけに日々の国語教師としての実践をおろそかにすることはできなかった。
　この二つの出会いがあったからこそ、「ことばを求め・魂の技師」となるべく日本語教師の道をひたすら歩むことができた。
　第Ⅱ編には、日本事情・日本文化の授業のうち、天津・南開大学日語科での実践と、98年からの徳島大学における実践とを取りあげた。ただし、8章の「日本における平和教育」は徳島大学における5年間の実践を集約して考察を試みたものである。いずれも母校愛媛大学「作文の会」への会友としての報告である。
　第Ⅲ編には、鳴門教育大学における教員研修留学生、研究生を対象とした　日本語フォローアップ授業の実践と問題点を取りあげた。
　第Ⅳ編には、留学生への作文指導と文集作りについて、二つの視点からの考察を取りあげた。11章は、鳴門教育大学における実践であり、12章は、徳島大学でのものである。

　手探りの歩みではあったけれども、日本語教室の日々は、異国の若い学生たちと語る充実感に満ちていた。多くの学生、おせわくださった方々との出会いは、まさに「一期一会」を感じさせるもので、記録を繙きながら、胸のあつくなることも度々であった。

　本書は、長年にわたって、懇切なご指導をいただいた野地潤家先生のお心くばり、渓水社木村逸司社長のご高配によりまして、このようにまとめることができました。心から御礼申しあげます。

2002（平成14）年3月3日

　　　　　　　　　　　　　　　　　　　　橋　本　澄　子

日本語教育への道程
——日本語・日本事情の授業の軌跡——

目　　次

まえがき …………………… 広島大学名誉教授　野地潤家 … i
　　　　　　　　　　　　　鳴門教育大学名誉教授
はじめに ……………………………………………………… iii

I　話しことばの教育、作文教育との出会い
1　話しことばの教育との出会い
　　——野地潤家先生に学びて——………………………… 2
2　作文教育との出会い
　　——蒲池文雄先生に学びて——………………………… 6

II　日本事情・日本文化の授業
3　「日本文化・時事問題」の授業………………………… 12
4　「日本語スピーチコンクール」指導の経過と考察……… 17
5　俳句授業の試み
　　——留学生は俳句をどのように受けとめたか——…… 23
6　日本人と宗教
　　——「日本事情　I」の授業——………………………… 29
7　日本の文化・俳句の授業
　　——「日本文化」教材としての俳句——……………… 33
8　日本における平和教育
　　——「日本事情　I」の授業——………………………… 42

Ⅲ 日本語・日本事情の授業の実際
 9 「日本語」・「日本事情」の実際とその問題点（その1）……………54

 10 「日本語」・「日本事情」の実際とその問題点（その2）……………87

Ⅳ 留学生への作文指導と文集作り
 11 習熟度別作文指導の実際と文集作り…………………………………126

 12 留学生の作文にみる日本及び日本人
    ――「日本事情Ⅰ・Ⅱ」の授業を通じて――……………………132
   ①日本人の宗教心 ②日本的経営 ③教育
   ④日本の歴史［憲法］ ⑤俳句

 おわりに ………………………………………………………………149

I
話しことばの教育、作文教育との出会い

1　話しことばの教育との出会い
　　　——野地潤家先生に学びて——

はじめに

　『話しことばの教育』は、昭和27（1952）年12月5日に廣島プリント社からのガリ版印刷で、百部限定版として世に出ています。野地潤家先生の国語教室に連なった者の一人として、この稿を記す光栄と、永い間のお導きに感謝申しあげます。
　この『話しことばの教育』は、4部から成っており、その「Ⅳ　話しことばの実践記録」は、当時の愛媛県立松山城北高等女学校専攻科生、43名が受講した、熱意あふれるご授業の記録です。50年を経過したいまも、常に耳もとに響く新鮮さで励ましや慰めを受けています。
　ここでは、著書ご出版の理念及び内容を紹介し、この記録の意義について触れてみたいと考えます。

1）話しことばの教育

　『話しことばの教育』は、つぎの4部で構成されています。
　まえがき
　Ⅰ　話しことばの生態
　Ⅱ　話しことばの自覚
　Ⅲ　話しことばの育成
　Ⅳ　話しことばの教育——美しき話しことばを求めて——
　あとがき

I　話しことばの教育、作文教育との出会い

2）国語教育実践史記述の第一の報告書

　「まえがき」には、つぎのように述べられています。「わたくしが、真に国語教育にあこがれ、国語教育に志したのは、昭和16年のことであったから、それからすでに10年もの歳月が流れた。また、わたくしが、はじめて国語教室に臨んだのは、昭和21年9月であったから、それからすでに満5年半にもなっている。この間の国語教育研究と国語教育実践のうち、まず、「話しことばの教育」について、その一部をまとめ、それを第一の報告書とすることにした。／この10年間、わたくしの課題の一つが、自己の話しことばの向上にあったことは疑いがない。わたくしは、ことば自覚に立って、自己の話しことばを高めようとした。そしてそれは、またわたくしの国語教育研究の中心課題の一つでもあった。

　これは、その課題をめぐって、わたくしが考察し、実践してきた「話しことばの教育」についての報告書である。今から考えると、発表をためらわずにはいられないものばかりであるが、わたくしみずからの国語教育実践と教育とを前進させてゆくためにも、この記録を忠実にまとめ報告しておくことは、意義あることと考える。」（2ページ）（後略）

3）「美しき話しことばを求めて」
　——13回の講義（昭和21年9月5日（木）～昭和22年2月27日（木））

ア　当時の状況（愛媛県立松山城北高等女学校専攻科）

　爆撃で全焼した学校に、昭和21年4月には、木造のバラック校舎が連なり、机もそろえられてありました。前年度の3月まで、松山周辺の小学校の講堂などを転々として学び、4年制の課程を卒業した私たちでした。新制度への移行措置として、県が、希望者にもう1年の就学を認めた専攻科に、43名が進みました。

　これまで、まともに授業を受けたのは1年生の時だけ。しだいに厳しくなっていく戦時体制の中で、奉仕作業の比重が増し、3年生の11月には、

大阪へと動員され、20年6月に空襲に遭い、無一物になって帰松した同級生の人たちでした。私自身は、ソウルからの引き揚げ者で、20年12月5日に転入しておりました。専攻科とはいえ、遅れた学力を少しでも身につけようという趣旨の普通科でした。廊下の横は、片付けた瓦礫の山。コスモスが揺れていました。

イ 「ことばのとびらへ」
　昭和21年9月5日　木曜日、野地潤家先生は、詰衿の学生服姿で、本を抱えて静かに教室に入って来られました。「あこがれの国語教室にまいりました。」と、両手の指先を軽く教卓に置かれて、静かにそして力強くおっしゃる第一声に、ふしぎな感動が走り、あとは無我夢中でした。
　「出発に際して」の項を辿りますと、「同じ若き日々にささげた苦しみを通して、ふたたび学ぶ心境には、他のあらゆる世代と異なった意味で、相通うものがある」「学問的空白にたじろいではならぬ」「ことばへの思いやり、文芸への愛情と言ってもさらに反省をつき進めると、つまるところ生活である」「ことばへの思いやりを深め、文芸への愛情を高め、清純にして厳粛な学問的情熱をもりたてるためには、何よりもまず、生活に旅愁あらしめ、学問に虹を蔵してゆかなくてはならぬ」「常識の世界を常に新しく切開いてゆくものこそ旅愁である。学問に虹を蔵すとは、人間の尊さに目ざめることである。」(365～366ページ) と説いていかれました。そして、
　　　愁ひつつ岡にのぼれば花いばら　　蕪村
　　　数ならぬ身となに思ひそ魂祭　　芭蕉
　　　若き日のやむごとなさは王城の如しと知りぬ流離の国に　　晶子
このような俳句、短歌、さらにはゲーテのことば、青山半蔵の心境を表わす古歌などを挙げられて、「わたくしは、ことばへの思いやりを通して、また文芸への愛情を通して、あなたがたの青春をいささかなりとも導きたい。」(366ページ) と説かれました。
　50年前の、この50分間の感動は、いまも蘇ってまいります。そして、その後の1講、1講に心を拓かれつつ、すべては、ここから発し、ここへ還

Ⅰ　話しことばの教育、作文教育との出会い

るものであることを、未熟ながら感じておりました。背のびをしてもノートが採れないことは大きな哀しみでした。ノートを交換して空白を埋め合った川原節子さん（旧姓　野間）とは、おかげで親友と呼べる仲になりました。松山に住む川原さんは、電話でこのように答えました。「本屋さんで、母親と少年の美しい対話を聞いて感動し、そのことを書いてＰＴＡ誌に寄せたこともある。すべてのものの見かたは、専攻科のご講義が原点となっていると言っても過言ではないと思う。」と。

　当時の、16歳にしては学問的に幼い私どもを、大きな肯定の愛情で包み、「花よりも美しく」（6講～9講）と説いていただいた倖せは、その後の生きる勇気にもつながりました。第13講の最後に引用されたのは、つぎの詩でした。「（略）人は黙々として／あるかぎりの悩みを／土に種蒔きつつ、収穫(とりいれ)つつ／すべて終なき営みは／さびしいけれども／力に溢れ満ちたり　「言葉」富田砕花」

　そして、「ことばのとびらへ、すこしでもあなたがたを導きえておれば、わたくしは幸福である。」（後略）（489ページ）と、静かに結ばれました。

　野地潤家先生の、『話しことばの教育』は、昭和29年に刊行された『国語教育個体史研究』（3冊）とともに、ご自身の実践を記録された、わが国における初めての国語教育実践史であり、その後の、50年を超える先生の国語教育研究の原点として位置づいていると考えます。

2 作文教育との出会い
——蒲池文雄先生に学びて——

　蒲池文雄先生の一周忌が近づき、「蒲池文雄先生追悼文集」をくりかえし読みながら、お優しくて偉大な先生を偲ぶ日々が続いている。「会友」という制度を提案なさったのも蒲池先生である。作文の会誕生のころ、初等教育科3回生で入会した私も、会友歴30年を超えている。創設のころから、たいへんおせわになった一人として、遅ればせながら当時の歩みをふりかえり、先生への感謝の気持を表わしたい。

1）船長兼舵手兼水夫、その上水先案内

　会誌「坊っちゃん列車」創刊号の巻頭にも書いておられる通り、西も東もわからない私どもは、すべて蒲池先生を頼りにした。「坊っちゃん列車」の釜炊き、ともおっしゃった。その労はいとわないから、諸君も一緒に石炭をくべ、乗客にもなろうと、この会誌の命名も気に入ってくださった。

　部屋のないサークルのために、ご自分の研究室を学習会の場として開放された。その昭和32年は、開学8年目ということであるが、国語科教棟は、まだ木造2階建てのバラック（旧松山博会場の建物）で、時には雨漏りのするようなところであった。国語科学生の研究室は、たまり場のように雑然としていたのに比べて、先生の研究室は、きちんと整理され本の香りもすがすがしく、ここで学べることを光栄に思い胸がおどった。

　相談の結果、隔週に1度学習会をもつことになった。（後日、学生だけの自主的運営の学習会も、週に1回もつことになる。）先生は、お手持ちの参考書を

つぎつぎと示され、理論篇、実践篇と整理なさる。日ごろからの作文教育、生活綴方へのご研究の深さをはじめて知り、ゼロからの出発のわが身を思うと、気の遠くなる思いもした。

　国語科作文か、生活綴方かという議論も耳にする中で、まず歴史に学ぼうと相談がまとまり、峰地光重・今井誉次郎著『作文教育』をテキストに学習が始まった。

　何をどう発言したらよいのかわからず、学習会は停滞しがちだった。しかし、先生は決して押しつけたり、焦ったりはなさらず、拙い発言もたいせつにされた。お互いの発言こそ原動力であるという、学習会の初歩のような姿勢づくりのために、じっくりと待ってくださった。いまの学生には想像できないことかも知れない。重い舵取りに、さぞ難儀なさったことと思う。しかし、先生はいつも穏やかな微笑をたたえて話され、未熟さを大きく受け容れていただいていることを私は実感していた。

　少しずつ私たちのエンジンも回り始めた。同期の山添敏弘さんは、大阪で開かれた「全教ゼミ」に参加して、その収穫を学習会で報告した。生活綴方に焦点をあわせた報告であったと思う。その視点を先生が高く評価され、はじめて、なるほどと思い、そして羨ましかったのを覚えている。

　蒲池先生はまた、作文の会員たるものは、ガリ切りにも習熟していなければならないと強調され、先輩から送られてきた文集を参考にするようにと、見せてくださった。会員の幾人かは、放課後、孔版印刷を学びに行った。先生ご自身は、お忙しい中いつも几帳面な文字でガリ切りをなさり、多くの資料をいただいた。

　初代会長の柳原丈広さんは、学んだ孔版技術で、「坊っちゃん列車」の表紙をみごとに仕上げ、みんなを喜ばせた。この柳原さんは、昭和59年5月、『五組の詩（うた）』と題して学級日々新聞2年間の集大成（Ａ5版412ページ）を出版している。授業、部活、学級経営への全力投球から生まれた貴重な本を、私は大分の地で受け取った。重い1冊を手にしたとき、私はすぐ蒲池先生の大きなペンだこを思い出した。ペンだこ二世の活躍を、先生は、眼を細めてお喜びになったこととお察ししている。

2）「坊っちゃん列車」へ励ましをいただく

　いま、手元に黄ばんだザラ紙のプリントがある。蒲池先生のお書きになったものである。

> 　猛暑のころとなりましたが、現場の先生方、学生のみなさん、ご壮健のことと思います。私たちの作文の会も創設以来1年8か月、ここに会誌第5号をお届けすることになりました。大学作文サークルへの期待が次第に高まっている折から、私たちは、未来の魂の技師としての私たちの力を一層高めたいと思っています。つきましては、本誌ならびに私たちの会への忌憚のないご批判を下さいますようお願いします。
> 　時候がらご健康を念じます。
> 　　　1959年7月20日
> 　　　　　　　松山市道後町愛媛大学教育学部国語研究室気付
> 　　　　　　　　　愛媛大学教育学部作文の会員一同

　これは、私が卒業した年の夏にいただいたものである。最初は知らなかったが、先生は、創刊号からこのようなあいさつを添えて会誌を各方面に寄贈しておられた。（3号あたりから会員が発送のお手伝いをしたように思う。）
　創刊号の「作文の会誕生」では、終りの方で「岬々の燈台よ。私たちに導きの光を投げかけてください。」と呼びかけておられる。
　こうした蒲池先生の呼びかけに応えて、多くの先生方から励ましの手紙が届いた。会員一同にとっては、全くの驚きであった。拙い文集を、お忙しい先生が各方面に送る労をおとりになったことに感動し、また、打てば響くように光を投げかけてくださる「行動する」先生方の熱意とエネルギーに感動した。やはり作文教育に志す人のすばらしさだと話し合った。
　とくに山際端午先生からは、毎回、会のあり方や個人の作文やレポートにきめ細かなご批評をいただいた。最初びっくりした私たちは、その後は

Ⅰ　話しことばの教育、作文教育との出会い

先生のお手紙を期待したことだった。
　土居清先生からも、度々、温い励ましや鋭いご意見をいただき、ぼやぼやしてはいられないと思ったことを覚えている。今回「蒲池文雄先生追悼文集」を読み、はじめて当時の土居先生のお立場を知ることができたし、昭和30年代が愛媛作文の会にとって、受難の時期だったことも知った。そんな時期だったからこそ、あついメッセージが寄せられたようにも思われ、感慨深い。また、そういう時期に敢て愛媛大学内に作文の会を創ろうとされることは、なみなみならぬご決意であったものとお察しし、さらなる尊敬を抱かずはいられない。

3）峰地光重先生との出会い

　私個人について言えば、「坊っちゃん列車」のご縁で、峰地光重先生に出会えたことは、大きな倖せである。
　4回生になって間もなく、蒲池先生から1冊の本を渡された。「これはたいへんなことです。お礼状を出しなさいよ。」とにこやかにおっしゃった。第2号に載せた「おとなになった『山びこ学校』」が、峰地先生のお目にとまったことを説明してくださった。この先生のご著書で学習会をすすめていたので、その偉い先生が、1学生に著書をくださるということに感激した。本の題名は『はらっぱ教室』（百合出版刊）。「あなたならこの本をきっと楽しく読んでくださるだろうとおもってぶしつけながら送ります」と余白に書かれてあった。
　峰地先生が子どもたちの郷土の原っぱを教室として、観察し対話し、文を綴っていくその営みのすばらしさにいたく感動し、私は一生けんめいにお礼の手紙を書いた。この手紙は、後日、峰地光重著『私の歩んだ生活綴方の道』（明治図書発行）に引用していただき、二重の光栄を味わった。このご著書へのお礼状の中で、卒業後、愛媛大学附属幼稚園に勤務したことを報告した私に、さらにご著書『ゆりかご教室』（徳間優文堂発行）をお贈りくださった。当時、園児のことがわからなくて苦しんでいた私は、この本によってひとつの活路を見出した。それ以来、昭和43年の暮れにご逝去

になるまで、優しいご指導をいただいた。これもひとえに蒲池先生につながるご縁である。

4）文集作り30年

　昭和36年春、結婚のため附属幼稚園を辞し広島へ渡った。そして10年間、広島女子商学園で、国語を担当し、せっせと文集を作った。季節が巡るのと同じように、定期的に「坊っちゃん列車」や会報が送られてくると、背中に温いぬくもりを感じて、育児と文集作りの両立に励んだ。1年間の国語学習から産まれた種々の作品を編集して文集を作ることは、日日の授業をおろそかにできないものとしていた。文集ができあがった時の生徒たちの美しい顔々が、教室にあることの醍醐味であった。

　そしていま、またご縁をいただき、鳴門教育大学で留学生の日本語の授業を担当している。留学生たちが、習い覚えたばかりの日本語でけんめいに話し、綴る尊さにうたれ、また文集作りを提案した。学生たちのつけた文集の題名は「忘れな草」——。

　"な忘れそ、蒲池先生"と、胸に刻みつつ、8か国から来た留学生たちと一緒に製本した。

　"な忘れそ、蒲池文雄先生——。"

II
日本事情・日本文化の授業

3 「日本文化・時事問題」の授業

はじめに

　1987年中国天津の南開大学外文系日語科（外国語学部日本語科）へ招聘された夫に同行し、1年間の仕事を終えて昨年8月に帰国した。苦しさも楽しさも予想以上の貴重な体験であった。その中で特に苦労したという点で忘れ難い「日本文化」の授業について記したい。こうしたなまの体験が、これから友好を志す方への踏み台となれば幸いである。

1)

　「日本人だから、何でもできるでしょう。」と言うのが招いた側の考えであった。事前に講義題目を問い合わせても、「会ってから相談しましょう」とのおおらかな返事で、招かれた夫は、持参すべき本を選ぶのに悩んだ。実際に会ってみると、対象も内容も多岐にわたり、スーパーマンの登場をよろこぶかのようであった。
　授業は87年9月1日から始まった。1週12時間、6コマである。午前4時に起き出して教材作りをする夫の身を案じた。せめて少しでもと手伝っている私に、10月から授業をしてほしいとの申し入れ。予算のつごうで、奥さんの仕事はないとの手紙を受けとっていたので、ではボランティアで、8時間ぐらいならと引き受けた。ところが、外人教師としての規定は12時間であると譲らない。規定として700元もいただくからには、これだけ働かなくてはならないのであった。（いかに厚遇であるかしだいにわかる。）

2)

　日本語科1年生、2年生の会話、2時間ずつ、歴史研究所の教官との会話4時間、歴史学部大学院生の会話と「日本文化」2時間ずつ計12時間が私の仕事となった。大分市にある日本語専門学院での浅い経験では、荷の重い仕事である。とくに、「日本文化」など準備して来なかったのに、いったい何ができるのだろうと不安であった。

　「日本のことなら何でもいい。生活習慣、伝統文化、時事問題、何でも知りたい」そういう講座を開いて欲しいというのである。歴史学部院生の代表と会ってみると、熱心な要望に、ひとりの日本人として受けて立たねば、という気持になった。博物館学を勉強中の呉さんが言う。「日本は感性の時代だということですが、どういうことですか。私は最近、頼まれてカラー（色）に関する本を翻訳しました。カラーと心理の関係を商品に応用していることに感心しました。」実はこんなに流暢ではなかった。筆談をまじえて、お互いに苦しんだ。しかし通じたのである。こんなあたりまえなことに彼が感心することに私は驚いた。なるほど、こうしたなまの日本を知りたいのだとわかると勇気がわいた。「日本のこと、私、何も知りません」と謙虚にふる舞ってはいられない。この青年たちの要望に添いたいと心から思った。

3)

　講座の題名は、呉さんが決めてくれた。「日本文化・時事問題」と——。大風呂敷と笑いつつも不安で笑いきれない。第1回めは、「感性の時代とは」との呉さんの質問にこたえる形でスタートした。たまたま日本から持参した新聞の広告を見るだけでも、それが感性に訴えるものであることは理解してもらえた。自動車の広告も、ティッシュペーパーの広告も「あなたが風になる」とか「優しく包む」といった抽象的な表現で惹きつけようとするものである。やはり中国の学生たちには、珍しくおもしろいことに映ったらしい。いま、中国は、文革の10年の空白を埋めるのに懸命の努力

中であると言う。そこで「子供の知能の伸ばし方」といった本がベストセラーになったりしているとのこと。感性の時代ということばが、奇異にさえ思われたのかもしれない。

　そして、日本人は心をたいせつにするとか、礼儀正しいとか言うのである。この心が経済発展の原動力であると異口同音に言われると、戸惑ってしまう。しかし、彼らの間に、こういう見方があることは注目すべきことに思えた。中国語のできないことが、急にもどかしくなる。焦らず、ゆっくりいこう。彼らの日本語の力と洞察力を頼りにして、と自分に言い聞かせる。彼等の日本語学習歴はまちまちで、9年間も続けている人から2年めという人までいる。断続的に3年4年と機会をみつけては学習している人が多く、頭の下る思いであった。

4 ）

　第1回は6名であったが、2回めは、11名に増えていた。日本のことなら何でもいいのだろうか、物珍しいのだろうかと疑いつつも、人なつっこい顔が並んでいるので張り切らざるをえない。「車社会と問題点」と大きな標題を大きく板書すると、すぐ質問が出た。
　Q　先生のお宅にも車がありますか。
　A　はい、あります。でも小型車です。普通車より、税金が安いのです。
　Q　税金は、いくらですか。
　A　ごめんなさい。わかりません。1万円ぐらいでしょうか？
全く頼りない。しかし、この日は、いい資料を持っているから心強かった。日本語科の神奈川県文庫（年10万円相当の寄贈がある）から中学校用の地図帳を借り出してきた。地図帳の後ろには、各種の統計資料や図表が豊富に載っている。中国でも有名なトヨタの積み出し港、名古屋港の貿易額の伸びもよくわかる。そこでの繊維産業の衰退と反比例していることも、輸入と輸出のアンバランスも、一目瞭然である。オイルショックのことも、貿易摩擦のこともよく知っている彼らである。具体的な資料によって、日本経済や日本人にとっての問題点をかいま見たことは「いい勉強になった」とい

うのであった。(この地図帳には、その後もいろんな面で活躍してもらい、ありがたかった。)

「経済発展をやり遂げた日本人の心を知りたい。」という。単に勤勉であるということだけではなく、何かがあるという意味である。このことは、アメリカのビジネスマンの間でも言われ、それは、東洋の心だとか禅の心だとか研究の対象になっている—という程度のことは知っていたが、東洋の心の元祖の国でこのような課題を与えられようとは思いもよらなかった。

私は、日本の妹や友人にS.O.Sの手紙を書き、彼らの求める、日本の伝統文化に関する本や、資料を送ってもらい、能、歌舞伎、茶の湯、禅などについてのにわか勉強をはじめた。しかし3年ぐらい勉強しないと、ものが言えないというのが正直な気持であった。

5）

87年11月、京都から千宗室氏が訪中され、南開大学でも講演されるとの事。学生に誘われて行ってみると、視聴覚室は、すでに一杯であった。200人は超えていたと思う。

氏は、茶の湯のルーツが中国にあることや、薬としての効用から、茶禅一味の境地に到る歴史を説かれ、短いビデオで茶の湯の実際を示された。(中国語による解説) そして、南開大学東方芸術学部の建物が完成する時、茶室を寄贈しようと約束して帰国された。会場は興奮に包まれていた。学生たちは、もっと茶の湯のことを知りたいと望んだ。
　　○どうして、茶碗をまわすのですか。
　　○どうして、狭い入口からはいるのですか。
　　○先生も茶の湯をしますか。

私は、宿舎のごはん茶碗を持って教室に行き、乏しい経験と写真集をふる回転させて、ほんの少しでも茶の心に接してもらいたいと努めた。「和敬清寂」という境地を具体的な道具や点前という所作で体験しようとする遊びのおもしろさ、すばらしさを、私はその時、改めて実感した。「一期一会」ということばの重みを、彼らとの出会いで感じとり、学生とともに

涙ぐんでしまった。
　能も歌舞伎も、私のレベルで受けとめ得たものを仮りに手渡すということにし、彼らの今後の研究にゆだねて別れて来た。
　友が友を呼ぶ形で、つぎつぎと現われてくれた青年たちの、日本へのあついまなざしが忘れられない。中国語のテキストのおわりに、
　"我們之間的友誼剛剛開始！"（友好は、始まったばかり）とあった。
　　うぉーめんちーちぇんだよういいかんかんかいし

4 「日本語スピーチコンクール」指導の経過と考察

はじめに

　中国天津市南開大学における1年間（1987年8月末から1年間）の経験の中から、「日本語スピーチコンクール」について、その実情を報告させていただく。いろいろな点で予想外のことが多く、それだけに感銘深いものがあった。

1）

　日本大使館と中国国家教育委員会の主催で、東北三省（遼寧省、吉林省、黒龍江省）と天津市の大学3年生を対象として、87年10月15日に日本語スピーチコンクールが行われる。この知らせは、夏休み前に入ったらしい。しかし初めてのことであり、その時の3年生か9月からの3年生かがわからず、公表は9月になってからだという。日語科の先生方は、東北三省は（旧満州地区なので）レベルが高いのにわが校は出遅れてしまったという焦りを、すでにもっていた。3年生の作文を担当している夫とともに、私も学内審査に加わり、選ばれた者の指導をしてほしいとのこと。私は、3年生の担当ではないが、「会話」を担当する新1年生が、1か月の軍事訓練に行って留守の間、その時間ぶんの仕事をせよということである。まことに合理的な判断だと苦笑しながらも覚悟をきめて受けとめた。先生方に「初めてのことである」「東北地方はレベルが高いからせめて4位に入りたい」と、くり返し言われると、日本語教師としてなんとか力になりたいと思った。

　日語科3年生16人が、それぞれ用意してきた原稿によって4分間の日本

語スピーチをする。審査は盧主任、3年生担任の劉先生（女性）、潘先生、そして夫と私の5人である。原稿は宿題となっており、「作文」担当の夫が事前に指導する場はなく、かえってありのままを知ることができた。課題は次の二つである。

　○私のほこり
　○21世紀の私

　日本における外国人弁論大会のイメージをもつ者としては、まず内容の違いに驚いた。主張が乏しい。「私のほこり」がふる里の山河であり、母の優しさであるのは悪いことではないが、青年としての気概が感じられない。「21世紀の私」では、自分は日本語の通訳として中日友好に尽しているだろうとか、親切な観光ガイドになりたいなどと、穏やかな希望を述べるものがほとんどで訴えるものに乏しい。

　女子学生のひとりは、家庭の主婦になりたい。朝は夫を優しく送り出し、夕方には夫の好きな料理を作って、日本女性のように夫に尽したい、と専業主婦願望を述べた。共働きが普通の中国では、これは、いま、女性のひとつの憧れであるとのこと。日本と全く異なる傾向に驚いた。

　実は、南開大学に到着の直後から「日本語らしい日本語」ということばを、よく耳にし、これがかなり重要な目標であることを感じさせられていた。この基準からすれば、専業主婦願望の史さんのスピーチはすばらしかった。しかし、内容がものたりないということで、推されなかった。

　けっきょく「21世紀の私」と題して語った郭玉琦さん（男性）が選ばれた。話しぶりは堅くて「日本語らしい日本語」にはほど遠かったが、「いま学んでいる日本語に、経済学、コンピューターの知識を生かして、日本の先進技術に学びながら、母国と生れ育った天津のために尽したい」という内容には熱意がこもっており、審査した5人の意見は一致した。

2）

　この日から約1か月、郭さんの特訓が続く。郭さん、劉先生と私の3人の時間を合わせるのがむずかしければ、郭さんは授業を休んでもよいと、

II 日本事情・日本文化の授業

　日語科主任から許可が出た。これにはまた驚かされた。このような大学の期待を背負っての郭さんの努力には頭が下る。とにかく謙虚に質問する。私は心に懸ることを小出ししながら、劉先生とともに少しずつ補正をしていく。

　はじめは少し遠慮していたが、劉先生と郭さんのひたむきな姿に接するうちに、妥協していられなくなった。学生は、寮だけの生活で情報に乏しいのでむりもないが、「東京の銀座のまん中に、中華食堂街を作りたい」という夢は、あまりにも現実性がない。問題点を話しあっているうちに内容は大巾に変っていった。「コンピューターについて、さらに勉強し、データ処理によって食料の生産と流通に計画性をもたせて、母国やふる里の経済発展のために貢献したい」という趣旨になった。

　発音面では、促音がいちばん気になった。たとえば、「行って」と言うのを「イテ」と2拍で発音する。それを「イッテ」と2拍めをゆっくり1拍とれば容易に改められる。中学高校の6年間、そして大学の2年間、むずかしいと思ってきた促音ができるようになったとよろこんでくれたが、永年のくせを直すのにはかなりの努力を要したようである。

　アクセント辞典を暗記しているような劉先生にも、イントネーションはむずかしいとのことで、練習のたびに小さな点も質問される。「ここは軽い疑問だから少し上げたらどうでしょうか。」などと。郭さんは細かい点までメモして、次の練習のときには、ちゃんと直してくる。私が甘いと劉先生はきびしく、また、劉先生の気づかれない点は私が指摘するといったぐあいにしていくと、いくらでも吸収し、磨いていくことを楽しむ青年であった。多くの助言が彼のスピーチをいきの悪いものにすることを恐れていたのに、そんな感じは全くない。明るくとり組む姿にかえって励まされ、最後までやれるだけのことをしたいという気持になった。

　副主任の滑先生は、階段教室を使えるように交渉してこられ、マイクの調整までしてくださる。潘先生も「日本語らしい日本語」に近づくように助言をなさる。この先生は15歳まで横浜で生活し、昭和21年に祖国のために尽したいと帰国された方で、美しい日本語を話される。

劉先生は、夜も郭さんを伴って私どもの宿舎を訪れた。夫も時間を計りながら、間のとり方などを教えた。「もうこれでよし。自信をもって。」と送り出した私には、まだ心にひっかかるものが残っていた。最後の段落を「21世紀はもう目の前だ……」というアメリカの学生のことばを引用して結んでいる点である。自分のことばで結んだほうがよいという思いがもちあがっていた。
　コンクールまであと1週間、という夜遅く彼はまた宿舎に現れた。本番ではスピーチのあと、審査員から質問があり、これに答えることになっているが、それを予測して34の質問を作り、答えを書いたので、見てほしいと言う。その意欲に圧倒された。(実際には、審査員からの質問四つのうち三つまでが、この中にあった)これを見たあと、このエネルギーならだいじょうぶと思い、自分のことばで結ぶことを提案してみた。反応は早かった。前段の主張をまとめる形で力強い結びのことばができあがった。そして「先生は国慶節の休み(10月1日より1週間)の間も、私のスピーチのことを考えていてくださったのですね。」とにっこりしてくれた。

3)

　10月15日(木)、会場の天津外語学院に集った参加者は、東北三省と天津市の各大学の代表8名であった。広い教室に椅子がぎっしりと並べられ、演壇も机もなく、マイクが1本立っている。黒板がすっかりかくれるほど大きいカラフルな看板が、コンクール会場であることを示していた。
　審査員は10人ぐらいだったろうか。(日本のように印刷物ももらえず、不備なメモしかない)日本側からは、日本大使館、北京外語学院、川崎製鉄、ＴＤＫから各1名、中国側からは、中日友好協会、国家教育委員会、天津高等教育局、いくつかの大学から各1名、といったメンバーであった。
　スピーチの順番は、くじで決める。郭さんは6番目を引いた。スピーチが進むにつれて、各大学の熱の入れ方が感じられたが、それほど強敵もいないように思われた。
　郭さんは、落着いて練習の成果を発揮した。ただ、第2部の2分間の即

Ⅱ 日本事情・日本文化の授業

席スピーチでは「私の母」という題をもらったため、母親のすばらしさを語ろうと意気ごんでしまい、舌足らずに終った。

　審査の結果は次のとおりであった。

　　1位「私のほこり」吉林大学　　郭　　寧
　　2位「21世紀の私」南開大学　　郭　玉琦
　　〃　「私のほこり」東北師範大学　王　新々

　1位に選ばれた者は、日本への研修旅行に招待されることになっていたので、残念であった。しかし、念願の4位を超えたことは責任を果たせたわけである。同席した潘先生、劉先生とともに大満足であり、郭さんの努力をほめたたえた。本人は、「夢のようです」「おかげさまです」を連発した。

　それにしても、このスピーチコンクールと日本での外国人弁論大会の審査のポイントの異ることを、改めて考えさせられた。

　1位に選ばれた学生の要旨は、「私のほこりは背が低いこと。なぜなら背が低いため吉林大学に入ることができた。小学校からいつも一番前の席でまじめに勉強しなければならなかった。後ろの席だったら怠け者の私は、きっと、まじめに授業を受けなかったであろうが……」といったものである。そして、たいへん流暢に「燈台もと暗しということばがありますが、先生の燈台もとは明るかったのです。」と笑いを誘った。なるほど「日本語らしい日本語」とは、このような話し方なのかと思いかえした。たしかに弁論大会ではなくスピーチコンクールではあるけれども、あまりにもものの足りない。この学生に課せられた即席スピーチは、「私の家族」という題である。この時も「父は、母が忙しいので台所を手伝ってほしいと頼むと『男子厨房に入らず』ということばがありますからね、と逃げています」といったように諺をじょうずに使って両親を紹介していた。

　審査員の質問にもなめらかな日本語で答えていたし、こうした点で高い評価を得たものと思えた。何かを論じることよりも、より日本語らしくをめざして精進している日本語教育のあり方を垣間見たように思う。同席の潘先生の評価も、やはり1位に選ばれた女性を推すということであった。

4）

　大学当局は、2位という結果に大喜びであった。期末には郭さんに100元の奨学金を支給した。(40歳の助教授の1か月分の給料に当る) 彼は、「おかげさまです。」とバナナを1房買って来た。私は、あなたが1位だと思っていると伝え、努力の日々を賞賛した。

　年が改ってから、もっと大きなごほうびがやってきた。2位であった2人も日本に招待されることになったというのである。私たちは、手をとり合ってよろこんだ。彼の努力に報いてくれた日本大使館その他の関係者に心から感謝した。

　彼は昨年7月に卒業したはずであったが、6月の天安門の事件以後、消息がなかった。ところが、クリスマスのカードと手紙が届き、いま天津対外貿易局所属の輸出入貿易会社で働いていると知らせてきた。通訳の仕事と事務をやっていて、「去る11月には、130頭の小黄牛を日本へ輸出しました」とあった。経済取引の凍結のニュースの目立つ昨今であるので、ほっとした。最後には、ぜひ日本に留学して先進技術に学びたいという希望も述べてあった。早くチャンスが訪れ、日中友好のパイプ役として成長し活躍することを願っている。

　以上は、私にとって感銘深い経験ではあったけれども、一場面であり、中国の日本語教育全般を推しはかることはできないことをおことわりしておきたい。

（この郭さんは、その後研究生として横浜国立大学・東京大学に学び、香港の合弁企業を経て、現在（2002年）深圳で活躍している。）

5　俳句授業の試み
　　──留学生は俳句をどのように受けとめたか──

はじめに

　留学生の日本語教育には、「日本語」と「日本事情」が課せられている。徳島大学では、共通教育（工、医、総合科学部）において「日本事情」Ⅰ～Ⅳを開講している。平成8年度後期に私は「日本事情Ⅱ」を担当することになった。まず、アンケート調査を行なった結果、俳句について学びたいという要望が多くでた。以下、留学生への手探りの俳句授業について報告したい。

1 ）

(1) **対象**
　　徳島大学工学部　1年生4名　医学部1年生1名（マレーシア出身）
　　　　　　総合科学部　1年生1名　研究生2名（中国出身）
(2) **時期**
　　第1時　10月16日（水）｜
　　第2時　10月23日（水）｜90分授業
(3) **学習指導目標**
　　(1)世界的に愛好者の増えている俳句に親しむ。
　　(2)17音（拍）の中に季節（自然）と自己の結びつきを詠み込む俳句のおもしろさを知る。
　　(3)自分の好きな俳句について語ることができる。
　　　（できればそれを文章化する。）

2）第1時指導の概略

①プリントAを配り、子どもの俳句の空欄にどんなことばを入れたらよいか話し合う。
②子どもの俳句について問答し、気持や季節をたしかめ合う。
③おとなの俳句の空欄にことばを入れる。3の句には、自分のなまえを入れてみる。
④おとなの俳句についての質問と話し合い。

3）第1時を終って

どこまで理解してもらえるものか、また、どの程度で退くべきかを考えながら話し合いを続けたが、学生たちは、予想以上に興味を示し、自由な雰囲気で、自分の理解したことを述べ合った。紙面のつごう上、詳しくは報告できないが、たった17音の俳句の中に実は多くのことばが埋もれており、その言外の意味を汲みとるおもしろさを早くも理解したように思われた。学生たちの笑顔に励まされて、第2時は、もう一歩進むことにした。

4）第2時の指導

①グループ作業（8人を国籍、男女混合で2班に）芭蕉、蕪村、一茶の句を短冊に書いたものを 五 七 五 に切り離しておく（プリントBの句）A・B班競争で正しい3句に並べる。日本語で意見を述べ合いながら、A・B班ほとんど同時に完成した。
②この3句について、場面、情景、心情について話し合った後、自分の好きな句について述べる。（全員）
③プリントBにより、「俳句のきまり」を知る。
④プリントの空欄に入れることばを考えてみる。
　　4は、 ほっかいどう
　　5は、 阿波おどり
　　6は、 うんどうじょう 　となっている。しかし、

4は<u>マレーシア</u>でもいいし、5は<u>バドミントン</u>でもいいというように、俳句は五・七・五の自在な文学であるという点を強調する。そのことにより、「おもしろい」「かんたん」という声も出て、親しみを感じているように見受けられた。
⑤プリント全体を読み、質問と話し合い。
⑥自分の好きな俳句（または俳句そのもの）について感じたことを述べ合う。
⑦　⑥で述べたことを短い作文として書く。

5）第2時を終って

　留学生と俳句を学習するにあたり、個人的な好みを押しつけない、という戒めだけは持っていたが、留学生がどの程度、興味を持つかは、半信半疑であった。しかし、第1時から、学生が予想以上に興味を示し、しりごみしていた私を引っ張ってくれた。そして私の学んだものは多かった。プリントBの9、10の俳句から、花鳥風詠にとどまらない現代俳句の姿を敏感にとらえる学生もいて、学生たちの理解力に感動もした。つぎに私の見出した問題点を挙げて、まとめとしたい。

a　四季の変化のない国の留学生にも、季節の推移と自己を結びつける俳句は興味深いものである。その文学性は、むしろレベルの高い、親しみやすいものとして受け容れられ「日本的なるもの」を紹介するには、俳句は適切な教材と思われる。

b　氷山の一角のように17音で表現し、多くを語らず読者の理解にゆだねるという手法は、日本人の会話のあいまいさ（外国人に指摘される）にも通ずるものがある。相手を信頼したり、思いやることで成り立つという面も、「日本的なるもの」として注目してもよかったのではないか。

c　促音や拗音などを1字（音）とするので、指折り数えて戸惑う姿が見られた。「うんどうじょう」を5拍と認めるのは容易ではない。この点の指導が不充分であった。

アイドルの
(1) 〜の俳句が
(2) 春〜夏の俳句
(3) □に入る言葉を…

○春の俳句

1. ドングリの芽ばえの上に□の雨　（春）
2. 子供らが土まんじゅうに四日灸　（5月）
3. 男雛の箱より祖父の十歳　（5月）
4. 家中で顔がにている□日　（5月）
5. 目刺ぐの奥より瞳よく見てる　（5月）
6. □菜の間にぽつんと立てり　（5月）
7. 縄はじき□がうなる夏の風　（5月）

☆夏の俳句

1. 古池や蛙飛びこむ□の明日
2. 子路来て何やらやらし夜の酒
3. 七夕食さぬ□くだもの
4. 窓の中を鳥の家見える
5. 冷房に財布の紐を…
6. 野仏の肩の春雪だかし
7. 蒸気家の顔もといつか日和かな
8. 娘の頰より行燈と見る鳥初か

プリントB
〈俳句のきまり〉
(1) 五・七・五の十七文字からの文から成る。(十七音)
(2) 季語がある。(季節をあらわすことば)
(3) 俳句独特のことばに「や」「かな」「けり」などを使っている。
　「や」「かな」「けり」→切れ字
　　　　　　　　　　（感動を表す）

〈江戸時代の俳句〉
○ この道や ゆく人なしに 秋の暮　　松尾芭蕉　1644〜1694
○ 菜の花や 月は東に 日は西に　　　与謝蕪村　1716〜1783
○ われと来て 遊べや親の ない雀　　小林一茶　1763〜1827

〈現代俳句〉
1 いくたびも 雪の深さを 尋ねけり　　正岡子規
2 朝顔に つるべとられて もらひ水　　加賀千代
3 咳をしても 一人　　　　　　　　　　中村汀女

　　　　　　　　　　　　　　　　　　　　［　］　一年生
　　　　　　　　　　　　　　　　　　　　［　］　二年生
　　　　　　　　　　　　　　　　　　　　［　］　三年生

7 あの下手な 踊に思ふ（ふ）
8 朝刊に 大きくらしき 誤植（ふ）食（ふ）
9 原爆を 種しらぬ人の 昔に見ゆ
10 原発を 持つ漁村にも 若布干す
11 木枯や 庭の中から 和太鼓
12 学問の さびしさに耐え 炭をつぐ

★俳句は いかがでしたか。ひとこと どうぞ——
　　　　　　　　　　　　　　　　［　　　　　］

=留学生,俳句との出会い(感想文)=

【すきな俳句】
菜の花や月は東に日は西に

A　この俳句は実際にすごく嬉しいという気持を表している。なぜかというと,太陽と月が同時に見えるのは,めったにありませんからです。

B　菜の花のところは,広いです。また,月は東に日は西にの意味は夕方です。一日中で一番きれいな時間は夕方と思ったんです。このとき景色がきれく気持ちがいいです。

C　とってもすきです。先生が説明後,よくわかる。この句は,ことばで春の時間の中での景色を表現している。私がそのような大きさをそうぞうできるぐらいすごいと思う。

学問のさびしさに耐え炭をつぐ

D　学生としてこの俳句は一番気にいると思う。学生としてはいっしょうけんめいがんばらなければならない。私もたまに勉強中でさびしさの感じがきた。

G　一人でさびしさに耐えて,意思が強いですね。勉強はそんなにかんたんなことではないですね。

この道や行く人なしに秋の暮

E　とてもきれいだと思う。秋を描く作者の寂しさの程度がわかる。.

われと来て遊べや親のない雀

F　親のないかわいそうな雀と一緒に遊んで,作者のやさしい心を表している。とっても読んだあと心が豊かになる作品であると思う。

【俳句について】

H　俳句というのは,ただ十七文字で作っていますけれど,その短い文字からいろいろな意味を表し,自分が想像しながら楽しむのは,一番おもしろいです。

D　俳句は難しいですけれどもおもしろいと思います。読者は,俳句がわかったら,作者がよろこびと思う。

E　俳句はみじかいだけど季せつをえがく。こころにもっと深くあじわいはむずかしいけれど,私はだんだんきょうみがある。日本人は心と季節の結びは強いと思う。

6　日本人と宗教
――「日本事情　Ⅰ」の授業――

はじめに

　縁あって、徳島大学留学生のための「日本事情Ⅰ」(日本語教育の1課目)を担当することになった。平成7(95)年度前期の授業の中で、もっとも考えさせられた「日本人と宗教」の項目について報告したい。

1）授業の概要

(1)　**対象**　徳島大学工学部1年生（4名）
　　　　　　〃　医学部1年生（1名）
　　　　　　全員マレーシアからの留学生（キリスト教信者1名
　　　　　　　　　　　　　　　　　　　イスラム教信者4名）
(2)　**資料**　①佐々木瑞江著『日本事情』
　　　　　　②新日鉄能力開発室『日本―その姿と心』
　　　　　　③海外技術者研修会編『現代日本事情』
　　　　　　④栗田勇著『雪月花の心』
　　　　　　⑤新聞・雑誌記事、その他
(3)　**授業の進め方**
　ア「日本の年中行事」「社会と生活」、イ「現代日本事情」を一つの柱とし、資料や新聞記事によってホットな問題も取りあげ授業を進めた。この二本の柱を用意しながら、学生の要望に沿うように項目を選んでいった。

2）「日本人と宗教」に到るまで

　最初のアンケート調査によれば、日本の伝統行事や生活習慣が知りたいという一方で、

○日本には、何かおいわい(祝い)がありますか。
○日本人は一般的な話し、宗教の信仰があまり強くありませんですけれども、生活から見て、宗教の影響があります。神道と仏教は理解がたいへんです。
○オウムのことは、セイフに責任があるでしょう。

といった質問が出された。

　日本の年中行事を、元旦から　初詣　成人式　節分　ひな祭　端午の節句　七夕祭　山開き　海開き　盆の行事　春夏秋冬の祭　七五三　大晦日の寺社参り——と見ていくと、神仏に祈ることが意外に多いことに気づく。あるいは星に祈り、地鎮祭では地の神に祈る日本人の姿を知って、彼等の疑問はますます深くなる。——それなら、なぜオウム真理教の事件が起ったのだろうか、と。

　こういう質問に簡単に答えることはできないが、適切な資料を提供して、一緒に考えてみたいと思った。そこで、②③④の資料の中から「日本人と宗教」に関するものを紹介したり、「オウムに走ったエリートたち」といった新聞記事を用意した。

（授業の経過は省略）

3）「日本人と宗教」についての感想文

　学習のあとで、率直な感想や意見を書いてもらった。敬虔なイスラム教徒、キリスト教徒である学生たちが、それぞれの日本語の能力で、けんめいに記している。この熱心なメッセージは、添削がはばかられるので、そのまま提供して、汲みとることがらは、読者にゆだねたい。

例1 —（男子学生）

　　　（前略）なぜお祭のときだけ神さまを信じますか。日本と言えばお祭の国かも知れません。子供が生まれてから、先祖のことまで、いろいろなお祭が行われます。山開きや海開きなど、自然との関係が深い民族かも知れません。イスラム教では色々な祭があります。でも祭は、ただ楽しみのためだけではなくて、ある大切な意味も知らなければな

りません。例えば、だんじきは、びんぼうな人のような食物がないとき、どうかんじますか。

例2 ―（女子学生）
　（前略）日本人は、年中いろいろな行事をするのはいいと思います。行事をしたら人と人の関係が深くなります。宗教をおもにして行事をするのは、一番いいと思います。こうして人間はよくないことをしたくても神様がおこられないように、自分でやめます。もし宗教がなかったら、いろいろこまることが出てきます。例えばオウムの人々は、オウムに入るまえに宗教がないでしょう。宗教がないですから自分の自信とか人生のもくてきとかないでしょう。そういう人々は、新しい宗教を作る人が、いっしょにおせわになるといったら、考えずにすぐ入ります。もし宗教があったら、どちらがいいか比べられるでしょう。
　オウムのことは、セイフに責任があるでしょう。しょう来のためによくないことがおこらないように、今から action をしなければならないと思います。（後略）

例3 ―（女子学生）
　昔と現在を比べると、人々の考え方が変わるでしょう。もっと近代化にしたがって人間も生活する以上、何でもすることがほしがると思います。でも全部のことをすることができますか。私達は人間だから神様の力の方が強いです。イスラム教と比べると、違う点は何でもする前に神様のことを考えてお祈りをして始めます。もしできなかったら、それはし方がなく、できるだけ頑張った気持があった方がいいと思います。生活するため、規則とか守らなければならなくて、態度もよくなるつもりです。心の中もきれいだし、いつも新鮮な感じを持って、安心になることができるでしょう。悪いこともしないし、生活をする以上、他人の考え方、意見もわかるように、幸せに生きていきます。（後略）

4）授業を顧みて

　ある統計によると、日本の宗教人口は、全部を加算すると、総人口の約2倍になるという。結婚式は神前で、葬式は仏式で、という一般的な習慣や、キリスト教での儀式にも、抵抗なく参列できる日本人の寛容さは、学生たちには全く奇異に映るようである。そうした寛容さや、四季の移り変わりの中に、雪月花を賞で、あるいは天地自然に祈る国民性を、敬虔なものとみて、私自身は好もしく思う。

　と同時に、昨年の阪神淡路大震災の時、あれだけ大きな被害の中で暴動が起こらなかったことを、外国のマスコミは、驚きをもって伝えたが、そうした国民性のすばらしさも、実は、幼い子ども時代からの生活習慣によって培われたものではないかと感じられる。

　また一方、宗教に対する寛容さは、あいまいさをもっていて、そこにオウム教が巣くう弱さもあったとの学生の指摘は正しい。

　マレーシアでは「人材こそ国家なり」というスローガンのもとに、国費を投じて海外留学生を、毎年200人以上も送り出しているという。そうした国策に沿ってやって来た彼等は、実に明るく、まじめで純粋である。異国での学生生活には、不自由なことも多いに違いないが、ユーモアに富み、健康で、遅刻、欠席はゼロであった。

　こうした学生の要望に応えるには、力不足を感じないわけにはいかないが、宗教に限らず、いろいろなテーマに正面から向き合い、理解しようとする前向きの姿勢に、襟を正す思いもしたし、彼等を心からいとしく思った。

　また出会うことができたら、その成長ぶりを報告させていただきたいと思っている。

7　日本の文化・俳句の授業
―「日本文化」教材としての俳句―

はじめに

　98年9月、天津市の南開大学に集中講義に招かれた夫の講義時間を割いて、学生に俳句の授業をする機会を得た。学生の若々しい感性と知性に支えられて、予想以上に充実した時間をもつことができた。その余韻の中にいまも渦巻くものを整理して報告したい。

1)

(1)　**対象**　　中国南開大学（天津市）
　　　　　　　外国語学院日本語学科3・4年生及び院生（60名）
(2)　**日時**　　98年9月24日（木）午前10時～11時（60分）
(3)　**俳句授業の趣旨**
　ア　世界で一番短い文学としてHAIKUブームも起こっているいま、日本語科学生の「日本文化」学習の一助としたい。
　イ　17文字（拍）の俳句は多くを述べない。その凝縮された表現から真意を汲みとることのおもしろさへ誘いたい。
(4)　準備した資料（B4プリント2枚）
　〔プリントA〕
　　HAIKU BY THE CHILDREN（『地球歳時記』日航財団編より）
　　○世界のこどもの俳句9句
　　　・日本、中国、フランス、韓国、イタリヤ
　　　　それぞれの国のことばに、英訳と日本語訳がついている。
　　　・9句それぞれに、5段階評価のできる数字を排列した。

〔プリントB〕
　○俳句をたのしみましょう
　　ア　俳句のきまり（17文字（拍）、季語、きれ字など）
　　イ　こどもの俳句、おとなの俳句（徳島新聞より）
　　ウ　江戸時代の俳人の句（代表作3句ずつ）
　　　　①松尾芭蕉　②与謝蕪村　③小林一茶　④加賀千代女
　　エ　明治以降の俳人の句（9人、1句ずつ）
　○「私の好きな句」として、感想欄を設けてある。

2）授業の展開と学習活動（概略）

〔プリントAを使って〕
ア　最初の句を読む（日本、4年生）
　　　チューリップ一年生は絵の時間
　この句を読んだとたんに「羨ましい！」という声があがった。すばらしい反応に笑い声が起こり、お互いの緊張が柔らぐ。作者（4年生）は何の時間だろうか。よそ見をしている。窓の外で1年生は楽しそうに写生をしている。ああ、ぼくにもあんな日があった。懐しい！
──というような情景と心情を、学生たちはすばやく理解し、興味を示した。

イ　俳句の味わい方を知る
　この句を例として、氷山の一角のように表現された17文字（拍）の背後（水面下）にこそ、作者のモチーフがあり、それを探る、知る（識る）ことが、俳句を味わうこと（鑑賞）であることを伝えた。
　つづいて個々の俳句について、単語やことがらを確めながら、表現されている場面を明らかにし、言外の意味を発見し、意見を述べ合ったりする形で授業をすすめた。
　同時に、各句の5段階評価の欄に、自分の見方を記入することを勧めた。

〔プリントBを使って〕
ア　江戸時代の俳人の句について
　つぎの例のように選択部分を作っておいた。

　　　この道やゆく人なしに〔夏の暮／秋の暮〕

　　　山路来て何やらゆかし〔白牡丹／すみれ草〕

　学生たちが、余り迷わず正しい方を選ぶのには感心した。こうした直感は、やはり自然観照の伝統が生きていることを示すのであろうか。

イ　明治以降の俳人の句について
　時間に制約があるので、子規から山頭火まで、9人の俳人の、1句ずつ紹介するにとどめた。その中では、

　　凩や海に夕日を吹き落とす　　漱石
　　校塔に鳩多き日や卒業す　　草田男

この2句が好まれた。しかし、江戸時代の俳人の句に学生の好みが集まる傾向があったことは意外であった。学生も俳聖も、さすが、というべきであろうか。

3）教材としての俳句

ア　「日本文化」教材としての俳句
　南開大学日本語学科3・4年生の場合、俳句が17音（拍）で完結する短い文学であり、言外の表現に作者のモチーフがあるということ、そして、それは自己と自然との関係で語られるということを理解するのは、容易であった。僅か60分の授業でも、俳句のこのような本質に興味を持ち、句の鑑賞を楽しもうとした。こうした学生の資質やまじめな取り組みに敬意をおくりたい。と同時に、俳句は、「日本文化」教材の一つとして、魅力も価値もあるということを、改めて考えさせられた。

イ　日本語以外の俳句について
　中国語の俳句も五七五の17文字で成立つ。
　　（例）炉火紅彤彤　　　炉の火は赤々と
　　　　　炉中白薯香味浓　お芋の焼けるいい香り
　　　　　門前大雪涌　　　家の外は雪こんこ
　この場合、語られている事がらが多く、季語は３つあり、読み手が、言外のモチーフを探る余地がない。英語の俳句は、17のシラブルから成っており、主語述語の整った文章に近い。学生はそうした点に興味を感じなかったのか、日本語以外の俳句を「好きな句」として取りあげた者は、少なかった。

<h2 style="text-align:center">おわりに</h2>

　思いがけなく俳句授業の場を与えられ、その展開をありのままに記してみると、学生の日本語能力の高さや、感性の柔らかさに感心するばかりである。感想文では、初めて俳句に接し、興味をもったよろこびを、多くの学生が述べている。好きな句をとりあげてふる里の母を恋い、あるいは幼時を懐しむ、というように、俳句を身近なものとして受けとめていることがわかり感銘深い。多感な学生たちにとって俳句に接することは、一種の知的な遊びとして歓迎されたのであろうか。また学内の寮で限られた範囲の中で生活する学生にとって癒しの世界でもあるように思われる。
　俳句という異文化に接し、深い共感を示す南開大学の学生たちから、私は大きな示唆を受けたように思う。俳句には、「日本文化」の教材である歌舞伎や能などとは全く異なる教材性があるという考えに到っている。遅まきながら、気づいたことを基にして、俳句の教材化を求めてゆきたい。

Ⅱ 日本事情・日本文化の授業

〔プリントB〕の感想例

　授業の終り5分間に、感想を書いてもらった。学生のことばを、紙面の許すだけそのままお伝えしたい。(○番の俳句が好きです。——という書き出しは、省略)

○②番　私の出身地は東北地方ですから、この俳句を読むと思わず郷里がなつかしく思います。(C　4年　女性)

○⑪番　静かな庭に古池があって蛙のとび込む音が聞こえるのが気持がいいです。このような雰囲気が一番好きです。(R　4年　男性)

○⑭番　自然をもとめる気持で、俗世の権勢をもとめないことが人間にとって貴重なものだと思うから。人間の人生には、一体何を追求するか。それは問題である。「山路のすみれ草」が、私を感動させるところだ。(R　4年　女性)

○⑬番　人のいない道で黄色い落ち葉を踏んで歩き、人生を考えてもいいし、淋しぎみな景色を見てもいい。自分一人にいる時、本来の自我が復帰できるから。

○⑱番　弱みにつけ込まない作者のやさしさがよく見えます。ひとも同じです。わびる時は許してくれる、チャンスをくれるのがあたりまえのことだと思います。(F　3年　男性)

○⑲番　私の両親も百姓です。この俳句を読んでなつかしい気がします。小さい時母はよくどろ手で私を抱いたのです。なんだか似ていますね！(S　3年　女性)

○⑲番　先生の講座は非常にすばらしかったです。いろいろな俳句を読んで、知らず知らずのうちに心が引かれました。これから、俳句をもっと勉強したい。(R　4年　男性)

〔俳句A〕

『地球歳時記』
日航財団編　　— HAIKU BY THE CHILDREN —

① チューリップ
一年生は
絵の時間

滝口 永一
4年 日本

Tulips —
first-year students'
drawing class

Kiichi Takiguchi
Grade 4 Japan

1　2　3　4　5

② Je souffle doucement
sur les mille parachutes
du pissenlit léger

I'm blowing gently
on the thousand parachutes
of the dandelion

静かに息を吹きかけている
何千のパラシュートの
タンポポ

Jean-Blaise Koenig
Year 12　France
ジャン＝ブレーズ　コーニック
12才　フランス

1　2　3　4　5

③ 小々蒲公英
対他軽々吹口気
飛出小傘兵

Little dandelion
when you blow on it you get
little paratroopers

小さな小さなタンポポに
フーッ息を吹きかけたら
小さな落下傘兵が飛び出した

1　2　3　4　5

Han Tao
Grade 4 Year 10 China
ハン　タオ
4年10才　中国

④ 父さんの
工場近く
すみれ咲く

栗城 英絵
4年

1　2　3　4　5

⑤ さくらちる
日記の文も
かんたんに

斉藤 貴広
4年

1　2　3　4　5

Ⅱ　日本事情・日本文化の授業

⑥
Neige du matin
par les aiguilles du pin
te voilà meurtrie

Early morning snow
you have been bruised
by the pine needles

早朝の雪が
まつばのとげに
傷ついている

Marie Rousse
Year 15　France
マリー　ルス
15才　フランス

1　2　3　4　5

⑧
Aiuto aiuto
un bocciolo mi insegue
è il bucaneve

Help! Help!
A bud pursues me
it is a snowdrop

助けて、助けて、
つぼみが私を追ってくる
それは雪の花

Eva Sesso　Italy
エヴ　セッソ　イタリア

1　2　3　4　5

⑦
다가오는 봄
활기찬 내일위해
밝은꿈 갖고

Spring coming —
with a load of lively dreams
for the future

やってくる春
活発な明日のため
夢を持って

정봉훈
대치 국민학교
서울

Chung Bong Hoon
Grade 6　Korea
チョン　ボン　フン
6а　韓国

1　2　3　4　5

⑨
炉火红彤彤
炉中白薯香味浓
门前大雪涌

The fire red, red
smell of potatoes burning
outside, it's snowing

炉の火は赤々と
お芋の焼けるいい香り
家の外は雪こんこ

孙　拓（10）
Sun Yang
Year 10　China
スン　ヤン
10才　中国

1　2　3　4　5

39

[B] [日本文化]
俳句を楽しみましょう！ 1998・9・24（木）

1 俳句のきまり　物語があること（五・七・五の十七文字の短詩）（春・夏・秋・冬）の季語が入ること。切れ字をつかうこと（や・かな・けり　など）

2 季語を使わないで＝無季句　というのもある。

3 □に文字を入れてみましょう。
   Ⓐ 子どもの俳句
   ① だっこするひとつをまぶ（略） □の花 （１年生）
   ② □なかよし　かきごおり （２年生）
   ③ □□□□ 上手　阿波おどり （四年生）
   ④ 中学生　家から飛びだす　形の中 （五年生）
   ⑤ 縄とび　□□□□□　夏の日 （四年生）

   Ⓑ おとなの俳句
   ⑥ あの下手を上手に思い　踊かな
   ⑦ 野の□肩の春著をまとうぼ
   ⑧ 原爆の　種を□くに　百合さく
   ⑨ 原爆を　□□□村に　若葉かな
   ⑩ セーターを編み終わりたる　形かな

   徳島新聞から（毎週木曜日）

   ・五・七・五・七・七　短歌
   ・七月頃のニュース
   ・花岡□□□
     （戦前花岡の）
   ・社会批判の

私の好きな俳句　（なまえ　　　　　クラス　　　　　年生
○番の俳句が好きです。
（どうもありがとう！　お疲れさま！）

Ⅱ 日本事情・日本文化の授業

⑱ 江戸時代の俳人の句

1 松尾芭蕉 1644〜1694
 ① 古池や 蛙とびこむ 水の音
 ② 初しぐれ 猿も小蓑を 欲しげなり (欲しそうだ)
 ③ この道や 行く人なしに 秋の暮 [夏の暮/秋の暮]

2 与謝蕪村 1716〜1783
 ④ 山路来て 何やらゆかし [すみれ草/白牡丹] すみれ=菫
 ⑤ 菜の花や 月は東に 日は西に
 ⑥ 春の海 終日 [のたりのたりかな]

3 小林一茶 1763〜1827
 ⑦ やせ蛙 負けるな [一茶これにあり] (あばれものなど…)
 ⑧ やれ打つな 蝿が手をする 足をする
 ⑨ 大根引き 大根で道を 教えけり

4 加賀千代女
 ⑳ 朝顔に つるべ(釣瓶)とられて もらい水(貰う)

⑲ 明治以降の俳人の句

正岡子規
夏目漱石
石川啄木
高浜虚子
中村草田男
山口誓子
中村汀女
尾崎放哉
種田山頭火

㉚㉙㉘㉗㉖㉕㉔㉓㉒㉑
 春風や 闘志いだきて 丘に立つ
 朝顔や 一輪深き 淵の色
 咳(せき)をしても一人
 分け入っても 分け入っても 青い山
 雪の日の 浴身(よくしん)一人 のびのびし
 降る雪や 明治は遠く なりにけり
 萬緑(ばんりょく)の中や 吾子の歯 生えそむる
 鶏頭の 十四五本も ありぬべし
 菫程な 小さき人に 生まれたし
 柿くへば 鐘が鳴るなり 法隆寺

俳句
 自由律

8 日本における平和教育
——「日本事情 Ⅰ」の授業——

はじめに

　世界で唯一の原子爆弾被爆国として、留学生にその惨状を知らせ、平和を希求する人々の取り組みや、問題点について共に語ることは、「日本事情」の授業として重要であると考える。その実践について報告したい。
　　対象　徳島大学全学共通教育外国人履修生
　　　　　国籍　マレーシア　中国　タイ　カンボジア　韓国など
　　時期　1995年〜1999年　夏休み前の「日本事情Ⅰ」約90分

1）実践の概要

(1)　**準備した資料**
　①平和教育教材写真集「ひろしま」（大型パネル24枚）
　②写真集「ヒロシマ」
　③広島原爆資料館内部の写真資料
　④観光パンフレット「ながさき」
　⑤「ひろしま—原爆をかんがえる」（小冊子）
　⑥絵はがき「広島」「長崎」
　⑦絵本『ひろしまのピカ』
　⑧ひろしま、ながさきの原爆記念日前後の新聞記事（前年のもの）

(2)　**補助教材**（46ページからの資料1〜4）
　1945年8月6日に広島市が、8月9日に長崎市が、ただ1発の原子爆弾によって死の街と化した惨状を記した文章。

Ⅱ　日本事情・日本文化の授業

　毎年〔資料1～4〕のように、被爆後10年を経て突然「悪性リンパ性白血病」(原爆症)になった12歳の少女、佐々木禎子さんの物語の概略を記した。そこに禎子のともだちが全国に呼びかけて、広島平和公園に「原爆の子の像」(折鶴の塔)が建立されたいきさつも添えた。また、日本各地から修学旅行の児童生徒が訪れ、折鶴の塔や、原爆ドームの前で、平和を誓うことを伝える文章も加えた。

　日本が、唯一の被爆国であることは、留学生も知識としては知っている。しかし、大型写真によるパネル(資料①)をはじめ、各種の写真、絵本などによって具体的に惨状を知り、異口同音に驚きを語った。

　また、焦点を「折鶴の塔」建立のいきさつにしぼることによって、平和運動への盛り上りや、平和教育への真摯なとり組みを、わかりやすく提示することができた。

(3)　(2)の資料に加えて、新聞記事を用意した。夏休み前の授業であるので、前年の広島、長崎の平和祈念行事の記事などを用意した。その中で、つぎのような記事が、その年、その年の留学生の関心を引いた。

　その1
　　「原爆ドームは何語る」という見出しの記事。設計者がチェコスロバキア人であること、広島産業奨励館として設計したこと。設計者ヤン・レツルを主人公としたドラマ「レツルの黙示録」を、NHKとチェコ国営テレビが共同して制作する。産業奨励館の写真と、原爆ドームにするために設計したのではない、との記事。('95年に使用)
　その2
　　広島市の原爆病院に、チェルノブイリの原発事故に苦しむおとなやこどもたちが入院しているという記事。3年前の事故は、いまも多くの人々を苦しめている。日本では、この人々のために募金運動をしている、という記事。('96年に使用)
　その3
　　「原爆ドーム保存募金に子どもたちから6000万円」の記事。空き缶を

集めたり「ヒロシマ・ナガサキ写真展」を開いて募金した児童、生徒の話題。

　また、アメリカの高校教師が、被爆者に会ったことがきっかけで、生徒に募金を呼びかけ、221ドル25セントが届けられた話。('97年に使用)

その4

　「核廃絶へ今、私たちは何をなすべきか」「8月4日に広島市で国際シンポジウム開催」という見出しの記事。

　インドに続いてパキスタンも核実験を強行したことにより、世界の核不拡散体制が根本から揺さぶられた、として朝日新聞社が、広島市、広島平和センターと共催で国際シンポジウムを開くことを知らせる記事。('98年に使用)

(4) 新聞記事の扱い方

　新聞記事を教材として使う場合、語彙を拡げるよい機会でもあるので、拡大コピーをしたり、漢字に読みがなをつけたりして、学習しやすいように心掛けた。

　　(例)　核不拡散条約（NPT）1970年に発効
　　　　包括的核実験禁止条約（CTBT）1996年にインド、パキスタン、イスラエルを含む44か国の批准を条件に国連総会で採択

　また、「日本事情」として情報の提供を行なうばかりでなく、自由な意見交換や討論の場となるように心掛けてきた。

2）考　　察

① 　児童、生徒に対する平和教育の視点から被爆の惨状をとりあげつつも、先の大戦で日本軍がアジアの各地で行なった残虐行為が胸の内を離れなかった。どの国の留学生も、日本軍の暴挙について歴史教育を受けて育っている。そのことを肝に銘じ、犠牲者を悼む気持を伝えることから授業を始めないではいられなかった。

Ⅱ 日本事情・日本文化の授業

② 被爆の実状をパネルや写真で示すことによって、1発の原子爆弾がもたらす悲劇はよくわかり、多くのことばを要しない。したがって、この惨状をのり超えた市民の平和への希いを語ることに重点をおくことができた。

③ 「折鶴の塔」建立のいきさつを語り、修学旅行による児童、生徒への平和教育が全国的に行なわれていることを紹介することによって、(別紙資料) 学生たちの共感を得ることができた。

④ 徳島大学で学ぶ学生にとっては、広島の方が近いので、広島平和公園内の記念碑、資料館などについても紹介しておくと、夏休みなどに、誘い合って広島を訪れるきっかけとなるようであった。

⑤ 1998年には、インド、パキスタンが核実験を強行した。その年広島の平和記念式典（8月6日）に招待された両国の新聞記者が、広島原爆資料館を見学して、改めてその惨状に驚いたという記事があった。('99年に使用）知ることによってつぎの行動が始まる。とすれば、「日本事情」の授業の中で、「ひろしま・ながさき」をぜひ取りあげたい。

〔資料１〕

『日本事情Ⅰ』　児童・生徒に平和教育
　　　　——「原爆の子」の像 の前で——

A
1　「原爆記念日」を知っていますか。

2　広島の原爆記念日は　8月6日
　　長崎の原爆記念日は　8月9日　です。

3　この記念日には、広島でも、長崎でも、慰霊碑の前で
　　慰霊式、平和祈念式があります。

4　この式典には、日本人ばかりでなく、世界の多くの国の人々が
　　参加します。そして、心をひとつにして、世界平和を誓います。

———— ✿ ————

B
1　児童・生徒たちは 夏休み中ですが登校します。戦争を
　　知らない子どもたちに、不幸な歴史を教え、平和の尊さを教
　　えます。（先生の話、経験者の話、映画、ビデオ など）

2　児童・生徒たちは、修学旅行で、広島の平和公園に行ったり、
　　長崎の平和公園に行ったりします。記念館の中で当時の惨状
　　を知り、不戦の誓いを強くすることでしょう。

3　広島の「原爆の子」の像は、「折り鶴の塔」とも呼ばれて
　　います。この像の前で、子どもたちは、佐々木禎子さんの
　　話を聞き、この像の由来を聞きます。
　　　　　　　　（そのことができた すじみち）

4　禎子さんは、1945年8月6日、2歳のとき原爆をうけ
　　ました。そのときは、けがひとつしませんでした。小学校では
　　リレーの選手もするほど元気な子どもでした。

Ⅱ 日本事情・日本文化の授業

5 ところが、12歳のとき、突然首のあたりが痛くなりました。
6 病院で診てもらうと、「悪急性リンパ性白血病」だとわかりました。
 （原爆症）
7 友だちが「折り紙でつるを千羽おれば病気がなおるよ。」と
 言ったことばを信じて、禎子さんは一生懸命鶴を折りました。
8 しかし、644羽折ったとき、禎子さんは遂に亡くなりました。
9 友だちの中学生や先生方が禎子さんの魂を休めようと相談して
「原爆の子」の像を建てることにしました。
10 全国の友だちや外国の友だちから手紙と一緒に、たくさんのお金
 が集まりました。1958年5月5日、平和の誓いを込めた「折り
 鶴の塔」ができたのです。

〔資料2〕

　　　　　　平和教育について

1 折鶴の塔

(1) 1945年(昭和20年)8月6日 広島に原爆が落ちました。
「ピカッ！」→あつい光　「ドーン！」→強い嵐の力(爆風)
家もビルも橋も、破壊され、人びとは吹きとばされました。
広島は、一瞬のうちに 焼野が原となりました。

(2) 佐々木禎子さんは、元気な子どもです。小学校ではリレーの
選手でした。　しかし、中学一年生のとき、原爆症になって
入院しました。

(3) 友だちが「千羽の鶴をおり紙でおれば、びょうきが治るよ」
と言いました。

(4) 禎子さんは、いっしょうけんめいに、鶴をおりました。しかし
644羽 おったとき ｛死にました。死んでしまいました。
　　(1955.10.25)　　両親や友だちと別れていきました
　　　　　　　　　　なくなりました。亡くなってしまいました。

(5) 中学校の生徒たちは、禎子さんといっしょに世界の平和を
訴えるために、折鶴の塔を建てました。自分たちのお金を
出したり、新聞で訴え、町で訴えました。外国からも、たくさん
お金が寄せられました。りっぱな塔ができました。これは、
　　　　　　　　　　　　　　　　　　　　(1958年 S33年 5月5日)
「原爆の子の像」とも呼ばれています。

2 児童や生徒たちは、折鶴の塔の前で戦争しないことを誓う。修学旅行で広島に来る子どもたちは、とても多いのです。子どもたちは、みんなで千羽鶴をおって、この塔に捧げます。そして、平和公園の中にある資料館にも行って、平和のための勉強をします。

3 長崎で平和について勉強する学校も、たくさんあります。先生と生徒たちは戦争の悲惨さをよく知り、世界の人々となかよくすることを誓うのです。

4 8月6日、8月9日は夏休み中ですが、子どもたちは学校に行きます。世界の平和について勉強するためで
・映画を見たり、ビデオを見たり、話を聞いたりします。
・詩を読んだり、童話や小説を読んだりして、先生としっしょに勉強します。

5 ソ連のチェルノブイリの事故のことも、みなさん、ご存知でしょう。広島の病院には、おとなや子どもたちが、入院しています。この新聞記事も読んでみましょう。三年前の事故は、いまも人々を苦しめていますね。この人々のためにも、日本人は募金運動をしています。

"平和はひとの心から" ですね!!

〔資料3〕

原爆ドームは何語る

広島産業奨励館
ひろしまさんぎょうしょうれいかん

原点 原爆慰霊碑や原爆ドームは、平和運動のメッカ。平和教育のため、修学旅行の生徒が九一年度は百二十万人訪れた＝広島市の平和記念公園で

初め広島県物産陳列館として設計された産業奨励館の外観図

平和学習のしおりを手に原爆ドームを訪れた修学旅行生たち＝広島市中区大手町二丁目で

げんばくドームの前で

げんばくいれいひのまえで
慰霊碑

児童・生徒に 平和教育

1
H₁ 原爆記念日を知っていますか。
 A₁ いいえ、知りません。それは何ですか。
 B₁ はい、よく知っています。
   広島の原爆記念日は、8月6日で
   長崎のげんばくきねんびは、8月9日です。

 A₂ この記念日には、どういう意味がありますか。
 B₂ この記念日には、何をしますか。
H₂ 世界の平和を祈る日です。
 ① 広島でも、長崎でも慰霊碑の前で、慰霊式、平和祈念式が { あります。
                                      おこなわれます。
 ② この行事には、日本人ばかりでなく、世界の多くの人々が参加します。そして、心をひとつにして、世界平和を誓います。
   ☆─────────────────☆

2 こどもたちも 夏休みですが、学校に行きます。
  平和について勉強します。
  先生の話を聞いたり、映画をみたり、ビデオを見たり、本を読んだりします。

3 去年、修学旅行で、広島原爆ドームに来たこどは、120万人でした。長崎の平和公園にも多くの児童生徒が行って 平和について勉強しました。

〔資料4〕

朝日新聞 1999年（平成11年）12月6日 月曜日

ミュージカル「平和の鳥―広島の遺産」
自作自演の朗読劇「禎子と千羽づる」

二人の「サダコ」、日米交流
中元さんとナンさん
「いつか共演したい」

昭和館で披露して自由時に佐々木禎子さんをモデルにした役をミュージカルと劇で演じている二人はいつか、一緒に舞台に立ちたいと夢見ている。「被爆国から平和の願いを世界に発信する」。米国シアトルの中学1年、コーディ・ナンさん（13）と、石川県小松市の寿々木梓さん（13）。偶然にも十二月、日本に帰国したナンさんと寿々木さん宅にホームステイした。日本を代表する平和のスピーチをし、日本人を前に自分たちの思いを分かち合った。

米国シアトルのミュージカル劇団「大杉ミュージカルシアター」が制作した「平和の翼」プロジェクトで、サダコを演じたナンさんは、今年四月、石川県小松市の小松市民センターでの公演をきっかけに、一万人の寿々木さんが演じた「禎子と千羽づる」にも出演。自らの活動として米国内でも公演を続けたいという。小松市民センターでの公演をきっかけに、寿々木さんは二万羽の鶴を折り、主役の禎子の役を演じた。

「今度は一緒にサダコを演じたい」と、未来へ語りつつ、一人一人が平和を訴えていきたい、と話した。

THE THOUSAND CRANES 〔SADAKO AND THE THOUSAND CRANES〕〔禎子と千羽づる〕は、地に落ちた一万の寿々木さんが願いを込めて折った美しい物語だ。

朝日新聞 1999年（平成11年）11月7日 日曜日 14版▲ 社会 34

被爆サダコの思い伝えて

少女役演じる中元さん
米の折りづる祭で語り

「禎子と千羽づる」上演が縁

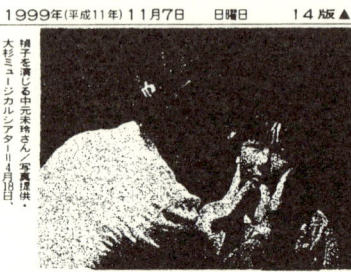

禎子を演じた中元未玲さん（写真提供・大杉ミュージカルシアター4月18日石川県小松市の小松市民センターで）

米国シアトルの劇団「大杉ミュージカルシアター」の代表ゲート・ウ・ウェスタハウスさんが「禎子と千羽づる」の実話を映画化するプロジェクト「平和の翼」プロジェクト。それまでに稀少な小松在住の美智子パンピアンさんとに長い思いを感じていたんだ」としみじみと感じていた。

しかし、禎子が亡くなったときの短かった人生を知り、「どうしても原爆のことを広く世界に知ってもらうためには、劇場のオーディションを受けることを決めた。そうして劇団への参加を求められ、子どもたちが平和への願いを共有するためには、ソニアン博物館でワシントン・スミソニアン博物館で一緒に「二織」を、また行って一緒に演じていくつもりだ。

「平和の翼」プロジェクトは、中元さんら自身、それまでは戦争や原爆について、みんな戦争やってたんだ、という程度の印象しかなかった。

いま、禎子と同じような年齢になった子どもたちが、「どうしてなのか？」と疑問を抱くように、原爆なんかとは、いっこう無関心だった。今年の夏休みに石川県小松市で、一度は日本に行きたい、と言う。米国で生まれ育った台湾人の両親。

「阪神・震災遺児ら台湾・震災遺児を金援」

日本人の気持ちを届けたい――。阪神大震災の遺児らでつくる「あしながレインボーハウス」（神戸市東灘区）に入居する高校生ら約三十人が二日、六日、全国から寄せられた義援金約七百万円を、九月下旬の台湾中部大地震で被災した中学、高校生のために寄付することを決めた。吉田宏哉さん（中学2年）は「台湾の仲間たちの悲しみが少しでも和らぐようにしてほしい」と語った。

震災遺児の募金は、遺児の生活や進学を支援する「あしなが募金」や政府の補助金などで運営する遺児教育支援基金の財政が厳しい中で決めた。

（内田和義）

52

Ⅲ
日本語・日本事情の授業の実際

9 「日本語」・「日本事情」の実際とその問題点
（その1）

はじめに

　平成2年度5月から11月まで、鳴門教育大学において外国人留学生の共通授業を担当した。その授業の実際と問題点について報告したい。

1)

(1) **共通授業名と時間数**
　　「日本語フォローアップ学習」　　週2時間（1時間は75分）
　　「日本事情・日本文化」　　　　　週1時間（　〃　）

(2) **対　象**
　　教員研修留学生　　6名
　　研究留学生　　　　6名（平成2年10月から1名増加）

(3) **日本語学習歴について**
　　教員研修留学生は、大阪外国語大学留学生別科で半年の日本語学習を終えている。しかし、ひらがなを拾い読みする程度の学生から、日常会話に不自由しない学生まであり、レベルは多様であった。
　　他の研究留学生は、3名が自国の大学の日本語科で4年間学んできており、こみ入った会話もでき、他の3名は半年ないし1年の日本語学習歴であるが、初歩の会話が少しできる程度であった。

Ⅲ 日本語・日本事情の授業の実際

受 講 外 国 人 留 学 生 名 簿

	氏名	性別	国籍	身分	指導教員	期間
国費	Renee Kiyomi Arakawa (レニー キヨミ アラカワ)	女	アメリカ合衆国	研究生	倉戸ヨシヤ 教授	2.1～3.3
私費	馬 文 紋 (マ ブン ブン)	女	台 湾	研究生	佐々木宏子 教授	2.4～3.3
私費	魏 明 (ギ メイ)	女	中 国	研究生	浅野弘嗣 教授	2.4～3.3
国費	Juhanaini Ana (ジュハナイニ アナ)	女	インドネシア	研究生	一宮俊一 教授	元.10～3.3
私費	江 慧 齢 (コウ ケイ レイ)	女	台 湾	研究生	位頭義仁 教授	2.4～3.3
私費	朴 贊 京 (バク チャン キョン)	女	韓 国	研究生	藤原康晴 教授	2.4～3.3
国費(教員研修)	張 来 興 (チャン レ フン)	男	韓 国	研究生	西 睦夫 教授	2.4～3.3
国費(教員研修)	Patsurapong Piyachai (パツラポン ピアチャイ)	男	タ イ	研究生	荻堂盛治 教授	2.4～3.3
国費(教員研修)	劉 慧 霞 (リュウ ケイ カ)	女	中 国	研究生	吉崎静夫 助教授	2.4～3.3
国費(教員研修)	Tanpuraphat Wanna (タンプラパット ワンナー)	女	タ イ	研究生	大隅紀和 教授	2.4～3.3
国費(教員研修)	Vallone Alejandra Julia (ヴァロネ アレハンドラ ワリア)	女	アルゼンチン	研究生	橋本暢夫 教授	2.4～3.3
国費(教員研修)	Dineros Yrene Aguilar (ディネロス アイリーン アギラ)	女	フィリピン	研究生	星野 久 教授	2.4～3.3
国費	Triyono Bramantyo (トリヨノ ブラマンティヨ) / Pamudjo Santoso (パムジョ サントソ)	男	インドネシア	研究生	本田 鄰 教授	2.10～4.3

2) 授業の形態

　日本語の習熟度に大きな開きがあるので、まず、一斉指導はむりであると考えた。簡単なテストのあと、話し合いによって2つのグループに分けて指導することにした。初級と上級のどちらに属するかは、各自で選ばせた。(当然のことながら、テストの結果と一致している。)

　実際は、初級程度6名(教員研修留学生4名)、中級程度2名(同1名)、上級程度4名(同1名)という状態であったが、中級程度の2名の学生は、上級のグループで学習することを希望した。2回めから、教室の前後に分

55

かれての複式授業の形態をとることになる。

　また、2学期（9月）からは、上級グループの4名が、大学院受験のため専門分野の勉強をしたいと申し出たので、「日本語」の複式授業は解消された。このため、中級程度の教員研修留学生（中国）1名だけが、初級グループと一緒に学習することになった。しかし、やはり初級の学生と同じ教材では気の毒であるので、毎時間、特別の教材を用意して個人学習をすすめ、質問を受けるようにした。

　「日本文化・日本事情」の授業は、12名一緒の一斉授業の形態をとる以外に方法はなかった。大学院受験予定者もほとんど欠席せず受講を続けた。

3）「日本語フォローアップ」授業の実際と問題点

(1) **教科書**
　　a　初級用
　　　　「にほんごのきそⅡ」
　　　　海外技術者研修協会編（1989年7月10日発行）

　最初、3種類の教科書を用意して希望を聞いたところ、大阪外国語大学で上記教科書のⅠを学習したものが4名おり、続けてⅡを学習することを希望したので学内の書店に注文した。教科書の到着まで3週間を要し、それまでコピーで間に合わせた。学習者の実態を前もって把握できないため、やむを得ないものと思う。

　この「にほんごのきそⅡ」は、漢字かなまじり版とローマ字版とがあるが、学習者は、全員がローマ字版はよくないと主張した。他に用意した教科書には、いずれも英語の説明とローマ字表記がある。タイやフィリピンからの学生に適当かと思われたが、異口同音に「ローマ字はよくない」ということであった。

　　b　上級用
　　　　ア「外国学生用　日本語教科書上級Ⅱ」
　　　　　　早稲田大学日本語教育研究センター編（1988年4月1日　初版発行）
　　　　イ「ヒアリング教材　聞き書き（中級）」

Ⅲ　日本語・日本事情の授業の実際

青山スクール・オブ・ジャパニーズ編
（1982年12月発行　1984年3月改訂　1987年1月増刷）

　複式で授業をすすめる関係上、カセットテープ付のものを選んだ。アは、高等学校国語教材の小説や評論や随想を集め、くわしい注のつけられたものである。イは、短い情報や随想を集めたヒアリング教材である。1課をゆっくり読む、文節に区切ってさらにゆっくり読む、普通の速度で読む、というように、読み方に三つの速度があり、各自の能力に応じて利用できる。
　このア、イの教材は、いずれも全員にもたせた。テープは各自、寮の自室でも学習しており、教材としては好評であった。
　しかし、6月に入って教員研修生のひとり（中級程度の能力）は、むずかしいので自国（中国）から持参したテープ付教材で学習したいと申し出た。一隅でひとり学習させるのは、止むを得ないこととは言え、気の毒であった。
　授業の終わりは、5分から10分程度上級の学生の傍へ行き質問を受けることにしていたので、この時間を活用してもらった。

(2)　指導の実際と問題点
　a　自由な会話の教材化──上級初級合同学習のために
　最初の希望調査によると、「会話がじょうずになりたい」「漢字を勉強したい」「文法を勉強したい」など、ほとんどの者の希望が重なっていた。ただ「文法はむずかしい」という先入観も強かったので、教科書の文法事項を中心とした扱いはしないこととし、つぎのア、イのような方法を導入に用いた。
　また、上級の学生も授業の初めは前の方に席をとり、全体での学習に何かを期待しているようであった。
　　ア　相互に日常の経験を話し、質問に答える。板書によって文型や文法事項を確認させる。(例1)
　　イ　きょうの話題
　　　「母の日」「千円札の肖像はだれですか」「父の日」「ドイツ館と第九交響曲」「阿波おどり」など。

身近な新聞の話題やパンフレット、プリントによる説明と自由な
　　会話（例2）

〈例1〉日常の経験の話し合いの教材化
　「日曜日の買物」
　　a．わたしは日ようびにとくしまへ行きました。
　　b．レニーさん、だれと行きましたか。
　　a．ともだちと行きました。
　　c．とくしまでなにをしましたか。
　　a．かいものをしました。
　　b．なにをかいましたか。
　　a．posterをかいました。
　　e．それは、なんですか。
　　教師　写真ですか。あ、ポスターですね。
　　a．はい。そう。Cat、ねこのしゃしんです。大きいしゃしんです。
　　e．ねこ！それは、きれいですか。
　　　　　（きれいに対し、かわいい、かわいらしいという声も出る。）
　板書

```
わたしは、にちようびに、ねこのポスターを
いちまい　かいました。
　1枚
かわいい
　　　　　　　ねこです。
かわいらしい
わたしは、ねこが　だいすきです。
```

　　f．そのポスターは、どこにありますか。
　　a．わたしのへや、（と言って、壁にとめるしぐさをする）

III 日本語・日本事情の授業の実際

板書

```
わたしの　へやのかべに、ピンで、とめました。
　　　　　　　　　おしピン（とめる）
　　　　　　　　　テープで
```

　この板書を読んだり、ノートに書き写したりして、「わたしもねこがすき」「わたしは犬がすき」というふうに話が展開する。会話に自信のない学生も、どちらがすきかに答えることはできるので、全員参加の犬ねこ論争？　になった。日本語学習歴4年の馬さん（台湾出身）が、犬と一緒に寝ていたこと、犬を抱えて買物に行くと、人々が「かわいい」とふり返って見てくれること（私を見るのではなくて）などとじょうずに話す。笑いの意味がわからない学生には、少し説明し、

```
ふりかえる
ふりかえってみる
```

と板書する。
　この話題についてもつぎつぎに質問が出て、けっきょくこの犬は、病気になって死んでしまったことがわかる。「死にました。」「死んでしまいました」の違いにも軽く触れる。「ざんねんですねえ。」と、この日の自由な会話は終わった。あとの犬の話は、初級の学生にとっては少しむずかしい部分もあったが、ヒアリングの教材と考えればよいので、合同学習の時は、なるべく上級の学生にも活躍してもらうようにした。

〈例2〉　新聞記事を話題とした自由会話
　「花博で阿波おどり」の見出しの新聞を拡大コピーして、漢字にはなるべくよみがなをつけて渡す。（資料1）

(資料1)

> # 花博で阿波おどり
> ## 900人の「連」乱舞へ
> ### 途絶えて10年ぶり猛練習
>
> 23日に阿波町の人たち

　(資料2)のプリントを一緒に読み、空欄に自由なことばを入れさせる。
　(資料2)の空欄に入れることばを、自由に発言してもらい(おもに上級の学生)板書する。

(資料2)

```
        §新聞を読みましょう (2)          6月13日(水)

   H   これは6月12日の朝日新聞です。
```

A　おどっていますね。女の人ばかりですか。
B　ネクタイをしめた男の人も見えますよ。
C　阿波おどりの練習ですか。
H　さあ、どうでしょうか。どなたか　わかる人　いませんか。

H　よくわかりましたねえ。
　　花の万博で900人の人がおどります。たのしいでしょうね。
D　鳴門でも　あわおどりがありますか。
H　はい、あります。8月10日から3日間　ジャスコの前であります。
E　わたしも、おどりたいですね。
H　鳴門教育大学の連があります。どうぞ参加してください。
　　（グループ）

板書

○花の万博であわおどりをします。
　おおさかEXPO
○23日にあわ町の人たちがあわおどりをします。
○10年ぶりに　おどります。
　ひさしぶり、1週間ぶり
○900人が　おどります

大きな声で例文を出すのは上級の学生で、初級の学生は新聞と黒板を見くらべたり、例文を空欄に書き入れたりしている。ふと、タイ語やインドネシア語の新聞を見せられ、読めと言われたら……と立場をかえてみる。新聞の見出しの漢字によみがなをつければ、かなりわかるだろうと、簡単に考えてはいけないと自制させられた場面であった。

　上級の学生からは、「どうして10年ぶりですか。」という質問が出る。記事からその答えを捜すようにさせる。「連の維持費がかさみ、、55年ごろ消滅。」とあり、この説明に阿波おどりの絵はがきを使いながら、板書する。

　板書

　　┌─────────────────────────────┐
　　│ ○どうして10年ぶり　ですか。　　　　│
　　│ 　　　　かね　　　　　　　　　　　　│
　　│ ○お金が　たくさんかかります　　　　│
　　│ 　　　　　　　　　（かかる）いる　　│
　　│ 　がっき　たか　　　　　　　　　　　│
　　│ ○楽器は高いのです。　　　　　　　　│
　　│ しゃみせん　ふえ　たいこ　　　　　　│
　　│ 三味線、笛、太鼓　　　　　　　　　　│
　　│ ○きものやおびやげたなども高いのです。│
　　└─────────────────────────────┘

　学生は、4月に徳島市のホテルで開かれた留学生歓迎会の席で披露された阿波おどりを見ているので、手まね足まねする者もあり、にぎやかに会話は展開した。大阪の花博に行った学生も多く、こうした接点のある話題を使えば、話す意欲も出てきた。

　つづいて（資料2）のプリント後半を読ませ、「連」について説明し、鳴門教育大学にも「鳴風連」のあることを知らせて、参加を勧める。もうおどる阿呆の気分は盛り上がっていた。（実際に、夏休みに帰国しなかった者のほとんどが、鳴風連に参加して楽しんだ。）

　会話の教材として教室で練習できる内容は限られているが、こうした地元の情報を与えて、日本人の学生と触れ合うための話題にしてもらいたいという意図もあった。また、この日は午後に「日本事情」の授業もあるの

で「盆の行事」につないでいく意図もあった。

　ただ、この新聞の教材化については、「花の万博」がわかっていても「花博」がわからない学生がいたこと、「乱舞」「途絶える」などのむずかしい語は避けておこうと思ったのに、こだわって苦労して辞書を引く学生があるなど安易に扱ってはならないことを教えられた。

　1学期は、こういう合同学習のあと、教室の前後に分かれて勉強する方法をとった。

　b　教科書学習の希望

　2学期に入って初級のふたりから教科書を中心にやってほしいという希望が出された。他の学生もそれを了承したので、上級グループとの合同の会話練習はとりやめることにした。(同時に上級の学生のほとんどの者が、大学院受験を控えて、専門分野の勉強をしたいと申し出たので、複式授業も解消した。)

　教科書中心の授業を希望した理由はつぎのように推測された。それぞれの指導教官のもとで日本人学生とともに学び、学内の寮で生活をすることは、応用日本語会話の連続であるので、「フォローアップ授業」においては、系統的に整理された日本語学習を求めたのであろう。

　実際、新しい文型や文法事項について、教科書に即しながら学習することには熱心で、質問も多く出された。残された時間に少しでも多く学びたいという熱意が感じられ、予習もよくしてきた。

　教科書は当然のことながら文法事項を少しずつ積みあげていくような内容になっている。その文法の扱いについてのひとつの試みを76ページの(4)の項で報告する。

　その前に、授業の初めに交替でスピーチをしたことから生まれた文集について、そのプロセスを整理したみたい。

(3) 口頭作文（お話）から文集作りへ
〈留学生文集第1号「足音」の誕生について〉
　　a 「お話」の原稿を書く。
　前記(2)aのアのような「日ようびに買物にいきました。」といった話題をだいじにしながら、クラスメートや先生に報告したいことを、日記のような「お話」として発表原稿を書く。（プリントによるてびき）（資料3－A）（資料3－B）
　　b 発表する（質問したり答えたりする。）
　　c 原稿に手を入れて清書する
　　d 印刷し、製本する。
　最初から文集を作るつもりではなかったが、熱心さにうたれ、文集を作ることを提案した。そのことがまた励みとなり、それぞれ原稿に手を入れ、"作品"としてたいせつにする気持ちになっていった。

（資料3－A）　　　　　　　（資料3－B）

III　日本語・日本事情の授業の実際

　この（資料3－A）の話の構成メモによって、指導者自身の経験を話し、その原稿をコピーして渡してから（資料4）の新聞の記事、「花見を楽しむ――鳴門教育大研究留学生10人が心ゆくまで」の拡大コピーを配った。（漢字にはできるだけ読みがなをつけておいた。）

　自分たちが取材され、新聞に載ったことは知っていても、記事を見るのははじめてという学生も多く、この話題への関心は高かった。

　記事に名前の出ている2人に、このことについてスピーチすることを勧め、トップバッターになってもらった。その原稿に手を入れた「花見」と題する作文をつぎに示しておく。同じ経験をそれぞれの日本語の能力で、精一杯とらえ表現していて興味深い。（作文1．2）

（資料4）

夜桜の宴に大浮かれ

鳴教大の留学生10人

満開の桜の下で夜の花見を楽しむ鳴教大留学生。うち7人は11日に入学式を迎える＝鳴門市鳴門町高島の大毛島海岸

九日夜、鳴門市ウチノ海沿いの大毛島海岸で、鳴門教育大学（今堀宏三学長）の留学生十人が夜の花見を楽しんだ。このうち七人は十一日、大学院したばかりで、鳴門入り

花見の舞台は、ウチノ海を見渡す空き地。満開の桜の大木を囲んで幕を張り、中で焼き肉パーティー。三木さんを囲んでビールで乾杯、自己紹介の後、ウチノ海でとれたカキや肉をつつきながら劉懸露さん（二九）＝中国・北京市＝らは大喜びしていた。

（研究生）入学式を迎える。早く日本の習慣になじんでもらおうと、長年、留学生の世話をしている三木普美さん（五六）＝鳴門町三ツ石＝が招待したもの。

（作文1）　花見　　　　　　　　　　　　　　アレハンドラ・フリア

花見

1990年 5月30日

Alejandra Julia Vallone
アレハンドラ　フリア　ヴァロネ

せん月11日に 花見が ありました。花見は 大学の ちかく でした。さくらの 花が たくさん さきましたので そこは とても しずかで きれいな ところでした。さくらの 花の したで ばんごはんを 食べました。

三本さんは 友だちと いっしょに ぜんぶ じゅんび しました。すべての りゅう学生は 三本さんから しょうたい して もらいました。

そこで たくさん 友だちに 会いました。いろいろな 国の 人が いました。タイワンの人や かんこくの人や タイの人などが いました。アルゼンチン人は 私が ひとり でした。

みなさんと いっしょに 日本の ベーベキューを 食べました。そのりょうりの 中で いろいろなものが ありました。肉や たまねぎや 出た肉 などを 食べて、ビールを のみました。

徳島の新聞の人も 花見へ 来ました。かれは 私たちに いろいろな しつもんを しました。

私は はじめて 花見へ 行きました。ほんとに とても たのしかったです。ですから、三本さんに どうも ありがとう ございました と いいました。

（作文２）　花見　　　　　　　　　　　　　劉慧霞

花見

劉慧霞

　今年4月9日 すなわち わたしたち 六人が 鳴門へ 来て 一週間 あとの ある晩,「日本のお母さん」と いわれている 三木さんから 花見 という party に 招待して いただきました。その時 海のそばに ある 二本の 桜の木の花は きれいに 咲いて いました。木の 上に 赤い いろの ちょうちんが つるして ありました。木の下 で たき火は 燃えて いました。火の上で 肉やかきを 焼きました。お月様は おいしい そうな かおりに さそわれて ゆっくりと 山を 登って 来ました。きれいな 満月様でした。風は すこしも ありませんでした。とても きれいで 気持が いい夜でした。

　三木さんと 友達、留学生 10人、新聞記者と 一緒に 紹介しあったり ビールを 飲んだり 肉を食べたり 歌を 歌ったり しました。三木の 友達から「北国の春」という 日本で 有名な 歌を 歌って いただきました。その時 ほんとうに 故郷に もどった ような 気が していました。こんな すばらしい 時間は いまでも また はっきり 覚えています。いつまでも 忘れません。

Ⅲ　日本語・日本事情の授業の実際

　2項の(1)で述べたような授業の初めの自由な会話から発展して、原稿を作ってまとまりのある「お話」をすることは、各自の持っている力を伸ばすことになると考え、交替で壇上に立たせた。学生たちは、予想以上にはりきって壇上にあがった。聞く者もユーモアを交えた質問をするので、お互いの間に親近感も生まれ、日本語でコミュニケーションしようとする意欲が高まった。

　上級の学生の話の内容が、初級の学生にわからないのではないかというおそれもあったが、「だいたいわかる」ことでよしとし、彼等もそれで満足していた。

　文集の題名は募集して四つの中から「足音」と決まり、Ｂ５版17ページのものが７月の初めにできあがった。ささやかでも一冊の文集ができ、全員の作品が載っているということをよろこび合った。夏休みに一時帰国する学生はとくに、いいみやげができたとよろこんでいた。

〈第２号「忘れな草」について〉

　文集第２号を作ることは、１学期からの約束であった。１学期に文集の題名を募集したとき「忘れな草」というのが出されたが、これは２学期にとっておこうという意見が出て一同賛成した。まだ第１号も完成しないうちに、いとも簡単に第２号も作る気持になることに、驚いたりよろこんだりした。

　２学期の「日本語」の授業は初級の学生だけが受けることになった。スピーチはきらいではないことがわかっているので、夏休みの体験を話すことを勧めた。(資料５)の構成メモや絵はがき、パンフレットを使って、まず指導者が夏休みのできごとについて話し、モデルとした。

(資料5)

☆おかえりなさい。さあ、おはなししましょう！　9月4日(水)

わたしの夏休み　　　　なまえ（　　　　　）

お話ししたいこと
(1)
(2)
(3)

（　）について　おはなしします。（メモ）

いつ
どこで
だれが
（だれと）

なにを
どんなふうに
（事柄　感想）
（事実　かんそう）

（作文３）

　　　　きんかくじ　と　ぎんかくじ
　　　　　　　　　　　パッスラポン　ピヤチャイ

　８月21日に　わたしは　つまと　いっしょに　きょうとの　きんかくじを　みに　いきました。きょうとの　きんかくじは　きんで　つくりました。ここの　したに　いけが　ありました。わたしたちは　きんかくじが　とても　すきです。わたしたちは　ここで　たくさん　しゃしんを　とりました。つまは「きんかくじは　きれいですねえ。」と　いいました。しゃしんは、つまが　くにに　もって　かえりました。いま　ありません。すみません。

（作文４）

　「レニーさん、この　えはがきは、どこですか。しりませんか。」「りゅうさんは、きんかくじ、ぎんかくじ　わかりますか。」「アナさんは、いった　ことが　ありますか。」「こちらが　きんかくじ、こちらが　ぎんかくじ　です。」
　わたしは　はじめ　バスに　のる　とき「きんかくじは、なんばんですか。」と　ききました。「⑤ばんです。」と　その　おんなの　ひとは　いいました。いった　ところは　ぎんかくじ　でした。つまは「あまり　きれいでは　ありません。あまり　すきでは　ありません。」と　いいました。「ここは　ぎんかくじです。」と　おとこの　ひとと　おんなの　ひとが　おしえて　くれました。バスで　きょうと　えきまで　かえりました。それから　㊻ばんの　バスに　のりました。ようやく　きんかくじに　つきました。30ぷん　ぐらい　かかりました。つかれましたね。しかし、きれいな　きんかくじを　みたので　よかった。きんかくじ　と　ぎんかくじ　むずかしいですね。⑤ばん　と　㊻ばん、これは　いまでも　おぼえています。

今回は録音の用意をし、原稿を離れて自由に黒板を使ったり写真を示したりしながら話すことを勧めた。質問を受けて答える姿も生き生きとして、さすが各国で選ばれた人たちだと思われた。
　こうして話したあと、第2号の文集には、このスピーチの原稿に手を入れて載せたいという希望も多く、幾度も訂正して意見を求めてきたのには感心した。題材は、夏休みの経験とは限らなかったので上級の学生からも多彩なものが集った。
　初級の学生のひとりは、スピーチが終わっても、なかなか原稿を提出しない。原稿は短いものであったが、原稿から離れて話をしたところが、おもしろくて好評であった。その原稿から離れて話したところがまとまらないのであろうと思い、テープを一緒に聞き、私が文を綴って助けた。本人は傍で「そうです」「そうです」と満足していた。つぎに、最初の原稿と、テープをもとに書き足したものとを記しておく。ゆっくりつき合えば、もっと豊富な話が聞けたのではないかと思う。(前ページの作文3、4)
　また、(作文5)「お茶会に招かれて」は、苦労して原稿を書き、話すときにはかなり覚えており原稿をあまり見ないで話すことができたものである。この学生の茶道への思いをもう少し知りたくて「なぜ茶道がすきですか。」という質問をしたところ、原稿がないため、たどたどしくつまりながらも懸命に話してくれた。これも録音してあったので、私がなるべく本人の話し方の通りに文字化して「先生の質問」「私のこたえ」としてつけ加えた。(一緒に作業をしたかったが、大学院受験がさし迫っているので、時間がとれなかった。)本人はよろこんで清書した。この学生も前出「きんかくじとぎんかくじ」を書いた学生もともに日本へ来て初めて大阪外大留学生別科で日本語を学んだものである。(作文3、4は約1年、作文5は約1年半の学習歴である。)
　ここで考えさせられたことは、文章を書くことのむずかしさである。話す力と書く力には隔たりがあり、ここでも「フォローアップ」することの必要を改めて考えさせられた。

(作文５)

　　お茶会に招かれて　　　　　　　　　　　　　　ジョハナイニ
　私はお茶会のことを話したい。お茶会はたのしいですからこの文章を作りました。
　日本は工業国として、急速な経済成長をとげました。私たちは日本の生活の中にたくさんの近代化の面やオートメーション化をみることができます。しかし私たちはまだたくさんの伝統的なかちあるものをみつけることができます。そのなかでもっともきょうみふかいものは茶道です。それは楽しいものです。つまり、今年の２月と７月１日に参加しました。私はその２回のお茶会に出席してたくさんの準備が必要であることがわかりました。たとえば、茶道の道具掛軸、活け花などです。
　私は茶室に入る前に靴を脱がなければなりませんでした。お茶室にはたたみがしかれてありました。たたみは日本の伝統的なカーペットです。私は座るまえに活け花と掛軸を見て、それから座りました。お茶を飲む前に甘くてきれいなおかしを食べました。おかしを食べるときれいな短い木のえだを使いました。私はおかしを食べているときにお茶をたてるようすを見ることができました。それから、お茶を茶碗に入れて私たちのまえにもって来ました。私はお茶を飲むまえにとなりのせきにいた人に「おさきに」と言いました。それから、彼女は「どうぞ」とこたえました。
　私はお茶をとって茶碗を２回右にまわしました。そしてようやくお茶を飲みました。飲みおわったあとで茶碗を２回左にまわしてたたみにおきました。おいしかったです。
　茶道はおもしろいです。もしあなたがたがお茶会に行けば、きっともう一度行きたくなるでしょう。私のように。
〈先生〉「なぜ茶道がすきですか。」
〈私のこたえ〉「おもしろいです。日本はなんでも機械化しています。駅で会社で道でレストランでなんでもマシンを使います。時間がはやいほうがいいと思います。お茶は長い時間がかかります。２時間もあればほかのことに使いたいと思うでしょう。しかし、昔のまま伝えました。活け花も昔のままのスタイルです。入る時もながい時間がかかります。時間をゆっくり使うところがおもしろいです。それから、お茶をたてる道具、おゆを入れるものも、お茶を入れる茶杓も昔のままです。昔はステンレスがなかったから、このような竹を使いました。しかし、いまは、

ステンレスもあるし金のスプーンつくることができるでしょう。日本人は茶道のとき昔と同じものをつかいます。チェンジしませんでした。昔のスタイルのままです。だから私はおもしろいと思います。」

9月14日

　茶道を伝統的な価値あるものと実感して、二つの面—((1)時間をゆっくり使う。(2)道具も昔のまま)で
　おもしろいと述べていることに敬服しました。

はしもとすみこ
平成2年9月14日

　前述のとおり上級クラスの学生は、2学期は「日本事情・日本文化」の授業にだけ出席することになったが、文集作りへの熱意は十分あり、原稿の訂正も少なくてすみ、1学期に比べ長足の進歩を感じた。初めのころから、特別なフォローアップができない状況であったが、よい先生、友人たちの間で専門の勉強を続けるうちに、日本語らしい表現が身についていったものと思われる。

　日本語の上級生たちは、クラスの上級生の役割も引き受け、終始、何かと気をつかってくれた。印刷製本の手順もよく、作業は気持ちよく進んだ。

　10月から新しくクラスの仲間入りをした学生（大阪外大で半年間の日本語学習を終えて来鳴）は、書けないと言うので、むり強いはしなかった。しかし、11月21日最後の日になって、午前3時までかかったという作文を提出し、みなをよろこばせた。おそらく、先輩たちの雰囲気に刺激されたものと思われる。私自身、学生たちのとり組みのまじめさにうたれた。彼等が文集作りに積極的である理由は聞いてみなかったが、「よい記念」ということの外に、何かがあるように思われた。作品を仕上げていくプロセスを楽しんでいたようにも思う。小さな疑問にも妥協せず、質問する真摯さにうたれた。（第2号はB5版　27ページ、11月21日完成）

　表紙は、第1号、第2号ともに教員研修生のディナロス・アイリーンさんが申し出て、明るい絵を描いてくれた。

　第1号と第2号の作文の題名と作者名をつぎに記しておく。

留学生文集　第1号「足音」
　　　作文題名　　　　　　　　　氏　名
○歓迎会に参加　　　　　　　　張　来　興
○かんげいかい　　　　　　　　ディナロス　アイリーン　アキラ
○花　見　　　　　　　　　　　劉　慧　霞
○花　見　　　　　　　　　　　アレハンドラ　フリア　ヴァロネ
○中古のテレビ　　　　　　　　江　慧　齢
○ツツジの山　　　　　　　　　朴　賛　京
○バーベキュウパーティ　　　　馬　文　紋
○はじめて　ゆきを　みたこと　ワンナー　タンブラパット
○こくさいでんわをかけます　　パッスラポン　ピアチャイ
○料理でひろがったともだち　　ジュハナイニ　アナ
○鳴門のうずしお　　　　　　　レニー　キヨミ　新川
○お兄ちゃんと私　　　　　　　魏　　　明

留学生文集　第2号「忘れな草」
　　　作文題名　　　　　　　　　氏　名
◎私の夏休み（スピーチ原稿）
　○私の夏休み　　　　　　　　ディナロス　アイリーン　アキラ
　○夏休みのきこく　　　　　　ヴァロネ　アレハンドラ　フリア
　○すばらしいヨセミチ　　　　レニー　キヨミ　新川
　○悲惨な歴史は化石になってほしい　劉　慧　霞
　○きんかくじとぎんかくじ　　パッスラポン　ピアチャイ
○海づり　　　　　　　　　　　朴　賛　京
○ブライダルショー（スピーチ原稿）　ジュハナイニ　アナ
○暴走族　　　　　　　　　　　馬　文　紋
○故郷の雪　　　　　　　　　　魏　　　明

```
○見たまま感じたまま          張　来　興
○鳴門で思うこと
　　──故郷、勉学、文化、自己──　江　慧　齢
○秋の風景              ブラマンティヨ
```

(4)　**文法指導の問題点**（「学校文法」の導入）

　日本語学習の入門期に、いわゆる「学校文法」の体系で教える教科書は見当たらない。動詞について言えば、

　　行きます　行かない　行って　行った
　　［ます形］　［ない形］　［て形］　［た形(過去形)］

のようにとらえることからはじまり、つづいて、行けば［仮定形］、行け［命令形］として理解をひろげていくように教材が作られている。入門期にはこの方法が有効であろうけれども、ある程度日本語に習熟してくると、「学校文法」の体系に注目させ、日本語を整理してとらえることが効率的ではないかという疑問を持ちはじめていた。ところが、たまたま質問があったので、それに答えるために「学校文法」を使って説明したところ、「よくわかる」「おもしろい」という反応であった。その実践例についてつぎに述べる。

　a　教科書第33課　命令形のばあい

　「にほんごのきそⅡ」は第31課から始まり第48課まで、文法学習を積み重ねながら語彙をふやし、日常生活に必要な会話力を養うことを目標としている。各課の構成は、その課の基礎となる文型の提示、例文、会話例、練習A、Bとなっている。ここでは、第33課の命令形の学習について述べる。

　第33課

　　　文型　┌─────────────┐
　　　　　　│ 1.　早く　行け。　　　　│
　　　　　　└─────────────┘

> 2．機械に　さわるな。
> 3．忙しいから、手伝ってくれ。

　上記の文型は、禁止、依頼も提出されているが、ここでは、命令形の学習に関する試みを述べる。

練習A（資料6）

1．命令形(めいれいけい)

1）第Ⅰグループ

かく	かけ
いく	
いそぐ	
やすむ	
よぶ	
とる	
まつ	
いう	
だす	

第Ⅱグループ

あける	あけろ
でる	
おきる	
みる	

第Ⅲグループ

する	しろ
ちゅういする	
くる	こい
もって　くる	

2）第Ⅰグループ

かく	かくな
いく	
いそぐ	
はなす	
たつ	
あそぶ	
のむ	
さわる	

第Ⅱグループ

あける	あけるな
しめる	
わすれる	
みる	

第Ⅲグループ

する	するな
しんぱいする	
くる	くるな
もって　くる	

2.
```
電話を　かけて　　　くれ。
荷物を　片付けて
窓を　開けないで
機械に　さわらないで
```

（資料6）の練習問題を使って、動詞を命令形にして話し合っているとき、ひとりの学生から、「とる」はなぜ「とれ」になるのかという質問が出された。それまで「行く→行け」「いそぐ→いそげ」と調子よくできていたのに、急にわからなくなったらしい。なぜと言い出すと、他の学生もなぜかと首をかしげる。私は一瞬ためらったが、日本語動詞の活用に照明をあてるいい機会だと腰をすえて、動詞の五段活用の表を黒板に書いていった。学生の多くの者が第1グループとして理解してきた動詞は、実は次のように整理されることを示した。

表1

	①	②	③	④	⑤	⑥
行・く	か(こ)	き	く	く	け	け
つづくことば	(ない)(う)	(ます)	○	(とき・人)	(ば)	○
書・く	か(こ)	き	く	く	け	け
いそ・ぐ	が(ご)	ぎ	ぐ	ぐ	げ	げ
やす・む	ま(も)	み	む	む	め	め

そして、⑥が命令形であることを示し、「とる」はどのようになるかと尋ねると、全員「らりるるれれ」と疑いもなく声を出した。そして、「このようになっています。」と言うだけで、さきほどの疑問は氷解し、「なるほど」と納得してもらえた。他の動詞「たつ」「こわす」などについても練習して、この活用の法則と五十音図との関係をも理解させた。
　これまで、ない形、ます形、仮定形（第31課）、意向形（第32課）として理解してきたものが整然と並んでいることは興味深いことらしく、「おも

しろい」「よくわかる」と一同ごきげんであった。さらに、この第1グループの動詞を日本の中学生には五段動詞（活用ということばは使わなかった。）として教えていることを話し、なぜ五段動詞なのかを説明すると、興味はいっそう増した。ついでに、②の「ます形」のところに「て形」が属し、「書いて」のように音便になることも説明したが、これには深入りはしなかった。（音便については大阪外大で学習している）

　この場合は、ひとつの質問から日本語の文法に照明をあてる結果になったが、学生はむしろこれを歓迎した。

　五段活用の動詞がわかると、第Ⅱグループ　第Ⅲグループの動詞の分類について説明することは、容易であり、この関係の解明をたいへん喜んだ。第Ⅱグループの動詞は、上一段動詞と下一段動詞に分類できることを、この時期に教えることは、親切でもあり、能率的でもあるように思う。この点、定住センターや技術研修協会の教育とは異なると考える。第Ⅲグループの「来る」「する」の活用については、最初から不規則動詞として受けとめているので、特に問題はないが、活用表により整理し、他の動詞と異なり、全く不規則であることを確かめ、「なるほど」と興味を示した。

　この「よくわかる」「おもしろい」という受けとめ方に勇気を得て、続いて学習する受身や尊敬の文型の場合にも、この活用表を基礎に用いることにした。つぎにその実践について述べる。

　　b　助動詞「れる、られる」「せる、させる」を「つづくことば」として把握させるばあい

　第38課に入ったときには、残り時間があと8時間になっていた。ここでは受身の助動詞を使った文型を学習することになっている。この助動詞「れる、られる」を学習すると、当然、尊敬の「れる、られる」についても触れることになると考えた。また、日ごろからむずかしいと言っている敬語表現についてもぜひ整理しておきたいと思った。そこでこの第38課と敬語表現をとりあげている第48課とを続けて学習し、時間があれば第46課

の使役の助動詞「せる、させる」も学習する計画をたてた。

　まず、前の時間の板書（表1）をさらに整理した動詞の活用表を配って、五段動詞（第Ⅰグループ）上一段、下一段動詞（第Ⅱグループ）カ変、サ変（第Ⅲグループ）の活用の法則を確認させた。（表2）空欄に活用語尾を入れる作業も容易にできる者が多かった。

　この動詞の活用表には、それぞれの活用形に「つづくことば」を目立つように書いておき第38課は、この「つづくことば」としての「れる、られる」の学習であることをはっきりさせた。

教科書の文型はつぎのようであった。
　第38課　受身形

文型
> 1．リーさんは　先生に　呼ばれました。
> 2．私は　弟に　カメラを　壊されました。
> 3．子供に　泣かれて　困りました。
> 4．この　ビルは　去年　建てられました。

　教科書の文型に触れる前に、動詞のカードを使って練習する。（カードの表には、「読む」、裏には「よむ」と書いてある。）
　　　よむ →よまれる　　とる →とられる
　　　食べる →たべられる　　見る →みられる
カード10枚ほど練習していくうちにだんだん慣れてくるが、「れる」か「られる」か迷う者も出てくる。そこで、表2のつづくことばに注目させ、来る →こられるとなることを理解させるとわかりやすかった。そして、
　　　○日曜日の朝　ともだちに　早く来られて困った。
というような文型を、カードによって自由に作らせた後に教科書に従って学習を進めた。豊富な例文や会話文、練習問題のひとつひとつを理解し、使えるようになるに越したことはないが、ここでは動詞につづくことばとしての「れる、られる」の機能に注目させることを主眼とした。助動詞が

表2

	① 未然形 (みぜんけい) Preincidental form	② 連用形 (れんようけい)	③ 終止形 (しゅうしけい) (じしょ形)	④ 連体形 (れんたいけい)	⑤ 仮定形 (かていけい)	⑥ 命令形 (めいれいけい)
つづくことば	46課 せ(る) 38課、48課 れ(る) ない、う	たい ます。た。 て	。	ロボット 料理(りょうり) 場所(ばしょ) etc. (体言) とき 人(ひと)	ば	。
Ⅰグループ 五段動詞 歩く	か、(こ)(A)	き、(い)(B)	く	く	け	け
行(い)く	か(こ)	き(つ)	く	く	け	け
読(よ)む	ま(も)	み(ん)(で)	む	む	め	め
Ⅲ サ変(さへん) する	し・せ・さ	し	する	する	すれ	しろ せよ

(A)意向形　(B)おんびん

	① 未然形 Preincidental form	② 連用形	③ 終止形 (じしょ形)	④ 連体形	⑤ 仮定形	⑥ 命令形
つづくことば	ない、よう 46課 させ(る) 38課、48課 られ(る)	ます。た。 て たい	。	(体言) とき 人 etc.	ば	。
Ⅱグループ 上一段 見(み)る	み	み	みる	みる	みれ	みろ みよ
下一段 寝(ね)る	ね	ね	ねる	ねる	ねれ	ねろ ねよ
Ⅲ カ変(かへん) 来(く)る	こ	き	くる	くる	くれ	こい

附属語としてだいじな機能をはたしていることを感得してもらえたように思う。ついでに表2の
②（連用形）にも注目させ　行き ｛ ます／ません／たい ｝
のようにつづくことばが機能していることを指摘して、既習の日常語を改めて見なおした。

　このように見ていくと、第48課の尊敬の助動詞「れる、られる」の学習に、はずみがついた。第48課の文型はつぎの通りである。

文型
> 1．先生は　帰られました。
> 2．私が　かばんを　お持ちします。

　ここでふたたび（表2）のつづくことば①（未然形）の項を示し、38課と48課とは同じ「れる、られる」が、異なった意味に働いていることをはっきりさせて、練習問題に入った。

　敬語は場面や話し手の意識によって、複雑に変化するので、むずかしいという先入観をもっている学生に、なるべく簡単に整理して理解させたいという願いをもっていた。

　その敬語学習の初めに、つづくことばとして敬語の機能をはたす「れる、られる」をとらえさせることによって、「ひとつ問題点がみつかった」ということになった。48課では、尊敬語、ていねい語、謙譲語が盛りだくさんに出されており、それをなるべく簡単に整理して、問題点を明らかにすることに努めた。（ここでは省略する。）

　第46課の使役「せる、させる」のばあいもこのように動詞未然形①につづくことばの学習としてとらえると、受け入れやすくなっていると感じた。プリントによって（表2）同じように注目させてから、例文の中で使役に機能することを見ていった。この日は最後の授業で時間は短かったから、

使役の使い方を教えることよりも、日本語の助動詞が、動詞につづくことばとして、さまざまに活躍しているということに目を移させた。「だから、助動詞(じょどうし)という名前です。動詞を助けているのです。」という落ちは、気持ちのよいほど浸透した。

　アメリカ、カリフォルニア大学で政治学を専攻し、1年間日本語を学んで来日したレニー新川さんも、「日本語のことが、よくわかりました。」と書いてくれた。

　最初の小さな質問から、いわゆる「学校文法」の体系の中に学生を招き入れて、日本語そのものへ照明をあてようとした今回の試みに、学生は意欲的についてきてくれた。この試みが通用するものなのかという懸念を抱きながらの出発であったが、「おもしろい」と熱心についてきた学生たちに、感謝の念でいっぱいである。今回、学生たちの求めている時期と合致して功を奏したという思いも強い。これからの検討課題としたい。

4)「日本事情・日本文化」の授業について

　最初の希望調査では、「日本の生活習慣」「日本人の心」「日本のこどものこと」「日本人の意識構造」などを学びたいということであった。1週に1時間（75分）だけの授業であり、日本語の習熟度も異なる12名が一緒であり、何のどこにどう焦点を合わせるかに苦労した。

　講義の形をとるのでなく、テーマに沿って資料（統計・解説、新聞、絵はがき、パンフレットなど）をなるべく多く用意し、質問や意見を出し合うようにしたので、初級の学生もよく参加した。上級クラスの学生の意見や感想については、初級の学生は「だいたいわかる」ことでよしとするよう申し合わせておいた。

　また、2学期には、上級の学生にひとつのテーマを与え、それについて発表させることも試みた。大学院受験を控えているので、発表準備に負担をかけないように遠慮したので十分とは言えなかったが、上級の学生らしくじょうずな日本語で生き生きと発表した。初級の学生にも刺激となり、

発表者には全力投球の場となるので、早い時期から計画すればよかったという反省が残っている。ただ、限られた時間に多くを吸収したいという希望も強く、一概によい方法だとは言えない。

最後に、日本語・日本事情の実際に取りあげた項目を記しておく。

「日本事情・日本文化」で取りあげた項目

『日本事情 JAPAN a Lacarte』
- (1) 日本人の社会と生活
- (2) 年中行事
- (3) 日本の文化

『雪月花の心 Japanese identity』
- ○歴史年表
- ○お月見
- ○お花見
- ○金閣寺と銀閣寺　石庭　苔寺
- ※宇治の平等院鳳凰堂（十円玉のデザイン）
  　　地獄と極楽の思想
- 夏目漱石と千円札
- ※福沢諭吉と一万円札
- ※中国唐の文化と奈良、京都の文化

生活習慣
- ○国民の祝日
- ○母の日　父の日
- ○たなばた行事
- ○暑中みまい（手紙のかき方）・年賀状
- ○盆の行事
- ○日本人の宗教心
- ○冠婚葬祭

○茶の湯
　かたちと心
　いろいろなお茶
　　新茶　玉露　番茶　桜茶など
○きものについて

即位の礼と大嘗祭
平和教育

『日本事情シリーズ　日本の地理』
　○日本列島
　○五つの地方
　　1道1都2府47県
　○観光
　○日本の気候
　　つゆ　台風　桜前線と紅葉前線
　○過疎と過密
『JAPANESE LIF TODAY　現代日本事情』
話題
　○花の万博
　○鳴門案内英語版の完成
　○ドイツ村、ドイツ館
　○鳴門と第九シンフォニー
　○花博で阿波おどり
　○鳴門、徳島の阿波おどり
　○エディ号で東京へ
　○アメリカ・ソ連首脳会議
　○ノテウ・ゴルバチョフ　アメリカで会談
　○北京のアジア大会

○鍵をあけた天才ザル
　　○鎌倉から山村留学
　　○国際車いすマラソン
　　○四国のリゾート開発
ビデオ教材
　　「日本の気候」

　　　　　　　　　　　　（注）※印は、学生の発表によるもの

　この項のはじめでも述べたように、焦点をどこに合わせるか（内容、対象とも）常に迷いがあり、上級日本語の能力をもつ学生たちにとって「ニーズに応える」ことになったのかどうか反省される。
　「よい勉強になった。」「おもしろかった。」と書いてくれた寛容さに感謝するばかりである。やはり、初級と上級の学生が一緒に学ぶのには無理があると考える。欠席者が極めて少なく（出席率92%）毎時間何かを求めて出てくる学生に励まされてすすんできた思いである。

　　　　　　　　　　　おわりに

　鳴門教育大学でのはじめての「日本語フォローアップ学習」「日本事情・日本文化」の授業を担当し、すぐれた資質をもつ外国人留学生と出会い学ぶことができたのは、光栄であり、また楽しいことであった。命を受けて仕事をさせていただいたことについて報告するのは務めであり、感謝の気持ちを表わすことでもあると考え、さらに、今後担当される方に、わずかでも参考になればと、このレポートを提出することにした。

　　　　　　　　　　　　　　　　　　　　　〈91．3．20〉

10 「日本語」・「日本事情」の実際とその問題点
　　　（その2）

はじめに

　鳴門教育大学における平成3年度の外国人留学生に対する「日本語・日本事情」の共通授業について、その実際と問題点を報告したい。本年度は能力別に2クラス設置された。以下初級をクラスI、中級をクラスIIとする。

　　　　　　　　　　　　　1）
(1)　共通授業名と時間数
　　「日本語フォローアップ学習」週1回（75分）
　　「日本事情・日本文化」　　　週1回（75分）

(2)　対象
　　教員研修留学生 4名　　専攻（教育経営、幼児教育、障害児教育、美術）
　　大学院生　　　 2名　　専攻（幼児教育、美術）
　　研究留学生　　 1名　　専攻（音楽）

(3)　日本語学習歴
　　教員研修留学生4名は、大阪外国語大学留学生別科で半年の日本語学習を終えているが、レベルは多様であった。
　　大学院生2名は、日本国内の大学を卒業して、本年度、大学院へ入学してきた。
　　研究留学生は、大阪外国語大学留学生別科で半年間の日本語学習を終え、平成2年10月に研究生となっている。

受講外国人留学生名簿

	氏　　名	性別	国　籍	所属講座指導教官
大学院	林　恵　娟 Lin Hui Chan	女	台　湾	幼児教育講座 　　浅野　弘嗣　教授
大学院	蔡　娟　紋 Tsai Chuan Wan	女	台　湾	芸術系（美術）教育講座 　　西田　威汎　助教授
研究生等	Triyono Bramantyo	男	インドネシア	芸術系（音楽）教育講座 　　本田　暭　教授
研究生等	全　慶　讃 Jeon Kyeong Chan	男	韓　国	教育経営講座 　　西　　睦夫　教授
研究生等	徐　銀　姫 Sir Eun Hee	女	韓　国	障害児教育講座 　　位頭　義仁　教授
研究生等	鄭　点　淑 Joung Joum Suk	女	韓　国	幼児教育講座 　　佐々木保行　教授
研究生等	Fernandez - Prada Patricia Esperanza	女	ペルー	芸術系（美術）教育講座 　　村上　正典　教授

(4)　プレテストおよびアンケートについて

　日本語学習歴もさまざまであり、要望も多様であると思われたので、最初に簡単なテストと、希望調査をした。これにより、各自が所属するクラスⅠ（初級）、Ⅱ（中級）を決めた。

　以下、クラスⅠについては豊永彩子が、クラスⅡ及び、「日本事情・日本文化」については、橋本澄子が報告する。

2）クラスⅠの「日本語フォロー・アップ」授業の経過と問題点

(1)　はじめに

　最初の時間割では毎週1回ずつの「日本語フォロー・アップ学習」（水曜日）と「日本事情・日本文化」（金曜日）の2コマで構成されていたが各自の要望と習熟度を考慮した結果、クラスⅠに限っては両時間とも「日本語フォロー・アップ」学習とし時間が許すかぎりクラスⅡの「日本事情・

Ⅲ　日本語・日本事情の授業の実際

日本文化」の授業にも出席するよう話し理解してもらった。
　できるだけ日本語学習の時間を増やし、早く慣れて欲しいと考えたからである。

(2)　学生の所属とレベル
学生A…国籍：ペルー
　　　　専攻：美術　教員研修生
　　　　日本語学習歴：大阪外国語大学留学生別科（以下大阪外大と略記）
　　　　　にて6ヶ月
　　　　読む：ひらがな拾い読み
　　　　話す：簡単なあいさつ程度
　　　　聞く：同上
　　　　書く：ひらがな、ローマ字表記
　　　　母語：スペイン語
学生B…国籍：インドネシア
　　　　専攻：音楽　研究生
　　　　日本語学習歴：大阪外大にて6ヶ月
　　　　読む：ひらがな、カタカナ、漢字60～70字程度、短文
　　　　話す：英語を交えて日常会話ができる
　　　　聞く：短文　簡単な語い　再確認を必要とするがほぼ理解できる。
　　　　書く：辞書を使用すれば短文作文ができる。漢字の使用はやや難
　　　　母語：インドネシア語
学生C…国籍：韓国
　　　　専攻：障害児教育　教員研修生
　　　　日本語学習歴：大阪外大にて6ヶ月
　　　　読む：特別な漢字を除いて辞書を用いずにほぼ読むことができる。
　　　　話す：日常会話は辞書を用いずに目的を達することができる。
　　　　聞く：大意の理解ができる。
　　　　書く：作文、辞書を用いる事でかなり長文が書ける。

母語：韓国語
※音読のみができるという意味で「読解」ではなく「読む」とした。
　共通事項
①A、B、両者の媒介語は英語である。
②A、B、C、3名とも自国での日本語学習経験はなく留学後に開始された。

(3)　授業の形態
　当初A、B、2名で開始した。Cについては初めに行なったプレテストの結果によりクラスⅡへの出席を勧めた。A、B両名の日本語学力の差はあったがBは本学大学院受験を目指しており教養としての日本語学習よりも基礎文法や基本的な漢字の読解・表記の学習を希望した。
　約1ヶ月後、本人の希望によりCが編入。3名ともに日本語専攻、および言語系の学生ではないことを踏まえて今年度の目標をたてた。
①　自分の意志をより正確に伝達できる。
②　日本語による講義を聞きとる事ができる。
③　レポート等を日本語で書くことができる。(記録、報告、研究発表の原稿が書けるようになる。)
　以上の3点とした。

(4)　授業を進める上でのやくそく
　A、B、C、それぞれの日本語学習に対する要望や目的が異なり、さらに各能力の差もあり特定教材だけを使用することは困難と思われた。そこで授業開始時に進行上の基本ラインとして以下の事項を提示した。
①　板書は日本語表記のみとする。
②　漢字には読みがなをつける。(板書・配布プリント等)
③　英語の使用は口頭のみとし、必要最小限の文法用語や語いの説明時にとどめる。
　　板書や配布プリント等にも使用しない。
④　各自のノートやメモ等には母語やローマ字表記をしてもよい。

⑤ 随時、適当なテキストや資料を使用し、授業内容が変わることもある。
⑥ ただし全学期を通して「日本語能力試験3級文法問題集」(凡人社)を併用する。

時間内に予定範囲を達成できない場合は自習用プリントを配布する。
※⑥について
基本的な文型や用法を常に確認させるためと複数教材を使用することでどうしても自己の進行状態の自覚が難しくなる。そのための目安として継続使用した。

(5) 各月のあゆみ
a 4月〜5月 ひらがな、かたかなの習得、漢字について
教材 ①日本語能力試験3級用（凡人社）読解問題より
　　　② READ JAPANESE TODAY (TUT BOOKS)
目標 A 各語の意味には拘らない。
　　　　　繰り返し音読する事で、また聞く事で音声に慣れる。
　　　B 慣用句、漢字熟語の音とその意味を知る。書く。
　　　C 漢字を含めて辞書を使いながら音読する。正しい音を知る。大意を理解する。

先ず、ひらがな、かたかなの完全な習得と発話をさせる訓練を目標とした。他者の日本語を聞く。自分の発音の問題点に気付く。この単元は今後の漢字の認識の授業にも発展させ易い内容であると考え設定した（資料1）。

最初に2回読み聞かせ次に全員で読んでみる。速度は1分間に200字程度。これは通常、朗読する時よりやや遅い感じがするが文節毎に不自然でない程度に切って読むからである。目から入る文字と音の一致をさせるためでもある。しかし、このような練習方法は入門期か特別な導入の場合を除いては必要ではなく、むしろ通常の速度、自然な読み方に慣れることが大切である。

資料2に関しては英語が理解でき、漢字圏以外の出身者でもあるA、B両名に漢字入門期の興味深い自主学習用教材としてすすめた。

資料1

> 　日本で毎日使われている漢字は、中国の文字です。
> 　漢字は今から五千年ほど前に、中国のある人が、鳥の足あとを見て考えたと言われています。
> 　日本にはむかし、まだ文字はありませんでした。今から千六百年ほど前に、初めて中国から漢字がやって来たのです。しかし、そのころの日本人が漢字をじゅうぶん知っていたかどうかはぎもんです。それでもこの便利な漢字を生活や文化にじょうずにとり入れて、ゆたかにしていったことはたしかです。
> 　漢字の数は、ぜんぶで五万字ぐらいと言われています。一日五字ずつおぼえていっても、二十七年かかります。中国から日本へやって来た漢字の数は、五千字ぐらいだそうですが、その中から毎日の生活で使って便利な漢字をえらんで、漢字を使う場合のきじゅんにしました。その漢字の数は、千九百四十五字です。
> 　中国から漢字がやって来て、たしかに便利になったのですが、日本のことばを漢字ばかりで書こうとすると、いろいろこまることが出てきます。そこで、今から千年ほど前に、ひらがな・かたかなのかな文字が生まれました。このかな文字は漢字をもとにして作られてものですが、だれが作ったかは、はっきりしていません。
> 　この三つの文字は、それぞれやくわりが決まっていて、日本語で文しょうを書く時には、時と場合によってじょうずに使い分けて、書かなければならないのです。
> 　　　　中川良雄編『日本語能力考試模擬題―為中国人日語学習初級者之用―』より

　翌週は前回からの漢字に関心と興味が寄せられている事を受け国語辞典と漢和辞典の使い方、さらに音読みと訓読みについての違いなど4、5月は基礎的な指導に終止した。まず日本語学習の基本である、ひらがな、かたかな、漢字に対する概容はつかめたようである。

b　6月～7月
　ア　擬音語・擬態語を知る

資料2

HOW THE CHARACTERS WERE CONSTRUCTED

The earliest writing in both the East and the West was done with pictures. To write down the "word" for cow or mountain or eye, both the Chinese and those in early pictures were 🐂, ⛰, and 👁. To the early Westerners—the Sumerians, the Phonecians, the Egyptians—they were 🐂, ⛰, and 👁. These are called pictographs.

To write words which stood for ideas or actions or feeling—words too deep for pictures of single objects to express—the Chinese combined several pictures to depict a scene which acted out the meaning western cultures drew a picture of a cow, a mountain, or an eye. To the Chinese these of the word. They combined, as we saw above, pictures of the sun 日 and a tree 木 in a scene to show the sun rising up behind the tree 東. They used this scene to stand for the word east—the direction you must be facing when you see the sun rising up behind a tree. Other examples: two trees were put side by side 林 to stand for the word woods; three trees were put together 森 to stand for the word forest.

Some symbolism became necessary at this point, however, or, some of the scenes would have grown to

　　　動詞、形容詞、副詞を入れた文を作る。
教材　①月刊日本語ジャーナル（アルク）6、7月号より
　　　②「ぴちゃぴちゃ、ぽつぽつ、ざぁーざぁー、」「いらいら、むかむ
　　　　か、そわそわ、」等を例記したプリント
学習活動　A　音のおもしろさを知る。

　　　　　実際に発音してみる。
　　　　　生活の中の言葉を集める。
　　　Ｂ　普段の会話の中から擬音語や擬態語を見つける。言葉を採集する。
　　　Ｃ　作文したり実際に表現してみる。
　一応の基礎的な日本語学習は大阪外大留学生別科で経験しているが、Ａはまだ発話するに至らず何とかきっかけを作ろうと考えた単元である。
　提案「きょうも雨ですね。このことについて擬音語や擬態語を使って何でも話して下さい。」
　さまざまな会話の中からドリルになりそうな会話を一部板書してみた。

板書

> 　Ａ　「今朝は雨が①ふりませんです。
> 　　　でも、今は雨が②ふります。
> 　　　雨すきです。③うれしです。」
> 　Ｂ　「先生④ますます雨が⑤ざあざあふりますねえ。」
> 　Ｃ　「風も⑥ぐんぐん強くなります。」

口頭による質問

①……ませんでした、は過去の否定形ですね。

②「降ります」と「降っています」はどう違いますか。①番の場合はどうですか。

③同じように他の言葉を言ってみます。大きです。たのしです。悲しです。どうですか、どう聞こえますか。

④「ますます」はどんな意味ですか。……（返答あり）それでは「ますます」と「もっともっと」はどのように違いますか。それとも同じ使い方ができますか。

⑤「ざあざあ」の他にどんな言葉がありますか。

⑥「ますます」の方がいいですか。（前にますますの方が適切であるとの指摘が出た）。

「どんどん」はどうでしょうか。どんな感じがしますか。

　以上の質問は改めて紙面に文字で書き起こしプリントで配布をした。そのために次回再度話し合うことができた。この後しばらくクラスの中でこの練習が口癖となったほどである。この頃からAが少しずつ積極性をみせ始めた。

イ　与えられた題材をもとに広がりのある会話や目的別の文章を作る。
　　（招待状、ポスター、おいたちの記など）
教材　日本語いろいろ（凡人社）より。
　　　「ビアパーティー」（資料3）
　　　「料理学校で」より抜粋（資料4）
提案　これは今まで読んできた文章とは少しちがう点がありますね。
　　　そして、こちらは（資料3）対話になっていますね。
　　　こういう文章を実際に読んでどう思いますか。論文体とは大きく違いますね。どのように異なりますか。
学習活動　A　声に出して読む練習。
　　　　　　　誰と誰の会話か。
　　　　　　　何を話しているか。
　　　　　　　二人の関係（資料3）を推測し説明する。
　　　　　　　またそう考える根拠は何か。⇨語尾に注目させる。疑問点
　　　　　B　をCに質問する。
　　　　　C　質問に対し文中より抜粋し解答する。A、Bに大意を説明し案内状の原案を考える。

　この頃になると、かなり理解度が高まり日常会話にもあまり不自由さは感じられなくなった。文章体やレポートの課題などにも慣れてきた。大学院受験を目前にひかえたBが、やや神経質なもののスタートが遅れ気味だったAが活気づいている。クラス内でもA自身による質問がひんぱんに出るようになった。そこで留学生対象のビアパーティーの案内状を作成することを提案してみた。比較的中級レベルの文章が理解できる能力を持ちなが

資料3

```
                    「ビアパーティー」
シュミット：あ、田中さん。
田　　中：やあ、ひさしぶりだね。元気かい。論文のほうはどう？
シュミット：まあ、なんとかやっています。
田　　中：そう。またみんなで集まろうと思うんだけど、君はいつご
        ろがいい？
シュミット：そうですね。10月20日すぎなら、だいじょうぶです。
田　　中：山田さんたちもそう言っていた。やっぱり土曜日の夜がい
        いかなあ。
シュミット：そうですね。ドイツビールでも飲みに行きましょうか。
田　　中：ドイツビールもいいけど、イギリスや日本のもおいしいよ。
シュミット：でも、いろんな種類があるのは、やはりドイツのビールで
        しょう。そのため、日本で最近はやっている①ドライビー
        ルというのは、ドイツでつくられたと思われやすいんです
        が、実は、これは日本のビール会社がつくったものなんで
        すよ。アルコール度②が5パーセントで、辛口③のビール
        なんですよね。
田　　中：へえ、ビールのことになると④詳しい⑤ね。それで、場所
        なんだけどね。佐藤君は「ビヤステーション」がいいっ
        て言うんだ。
```

ら実際には単純な名詞すら使ったことがないCや知識としては豊富な語いを持ったまま、それが生かされる事の少なかったBにもよい機会である。翌週の提出課題とした。

1回目の提出　全体に丁寧だがだらだらと長く明確でない。
　例1　いつもお世話になっております。
　例2　おかげ様で皆様お元気ですか。
2回目の提出　この時点で語い表のコピーを配る。資料5はA、Bが協力して制作、Cが点検をしたものである。さらに電話による会場の予約、予算の決定、料理の交渉など何度か失敗を繰り返したが他の留学生を誘い企

Ⅲ　日本語・日本事情の授業の実際

資料4

>　　　　　　　　「料理学校で」
>　恵子さんの趣味は料理です。毎週土曜日に料理学校に通って腕をみがいて①います。今日は豆腐料理の実習②の前に豆腐についての講義③があります。
>先生：今日はまず豆腐についてお話ししたいと思います。
>　　　畑④の牛肉⑤といわれるほど、豆腐はたんぱく質が豊富です。この豆腐は、肉中心の食生活におされてあまり使われなくなったように思われますが、最近は自然食⑥ブームの影響でまた人気が出てきました。TOFUという言葉もアメリカでは珍しくありません。ではなぜ今豆腐が見直⑦されてきているのでしょう。肉類の食べ過ぎは成人病⑧の原因だといわれていますが、これは肉類にはたんぱく質だけでなく、脂肪⑨も多く含まれているからで、この肉類に対して、大豆を原料⑩とし、たんぱく質が多く、脂肪が少ない豆腐に人気が出てきたのです。でも、どんなにたんぱく質が多いからと言っても、毎日豆腐ばかり食べていたのではあきてしまいます。そのため、国内だけでなく海外でも料理研究家⑪によって、豆腐のいろいろな新しい食べ方が工夫さ⑫れています。例えばトーフ・アイスクリーム、トーフ・ケーキ、トーフ・ステーキなど思いもかけない⑬アイデアが生まれているのです。
>　それでは、今日はこれから豆腐を利用した中華風⑭料理を作ってみましょう。

画し実際にビアパーティーを開催するに至った。

c　9月～10月

　この時期から3人のかなりはっきりした意志が見えるようになってきた。Aは日本語で表現しきれない事がらについては絵を描いたり、単なる単語の羅列であってもとにかく日本語で話そうとする。日本語で考えるようになって来たと言う。持ち込み教材によって討論がよく行なわれた。

資料5

> おしらせ
>
> 毎日暑い日が続きますので、からだに気をつけて過ごしてください。
> さて、お忙しいところですみませんがビヤガーデンでパーティーを開きたいと思います。ぜひ参加してくださいね。
> よろしく…。
>
> 日時、2月3日 水曜日
> 時間、6：00〜
> 場所、ガガ
> 会費、2,000円より　発起人 BURAMANTIO.
>
> 参加する（　）名前（　　　）
> しない（　）

d　11月〜12月　いろいろな日本語表現
　　　　　詩をよむ　詩をつくる

教材　にほんご（福音館書店）（資料6）〈きもち〉より

　記録文、研究論文、レポート等は目にする機会が多い学生達も小説や随筆、詩などにまで触れる事は少ない。口話体、文章体に慣れてきた頃を見て豊かな表現をめざす。

　提案
　形式にとらわれず、それぞれの気持ちや感じ、感情を言葉にしてみよう。

1．〈きもち〉（資料6）より
　3人の発言から
〇かずこがないている
　どうしてないているのだろう
　A．1．彼女の人形がなくなりました。
　　　2．言いたい事があります。でも言えませんから。
　　　3．悲しい気持ちになりました。
　　　　なぜかわかりません。
　　　4．せつないんです。きれいな物が欲しいと思うんです。

資料6

> かずこが ないてる。
> どうして ないてるのだろう。
> あきらが おこってる。
> なぜ おこってるのだろう。

B．1．試験のことが心配で泣いています。
　　2．1人ぼっちです。(それはなぜですか)。ともだちがいないのです。
　　　それで泣いています。
C．1．一緒に両親と公園で遊んでいましたが、もう今は別れなければ
　　　ならないからです。
　各自がそれぞれのおかれている立場からAはAなりに、Bは大学院の受験を意識し、Cは母親としての国にいる子供の事を考えたのである。Aは他の二人に比べて語い数は少ないがストーリー性のある興味深い文章を書き、そのなかに情緒動詞が多く出てくるようになった。

資料7

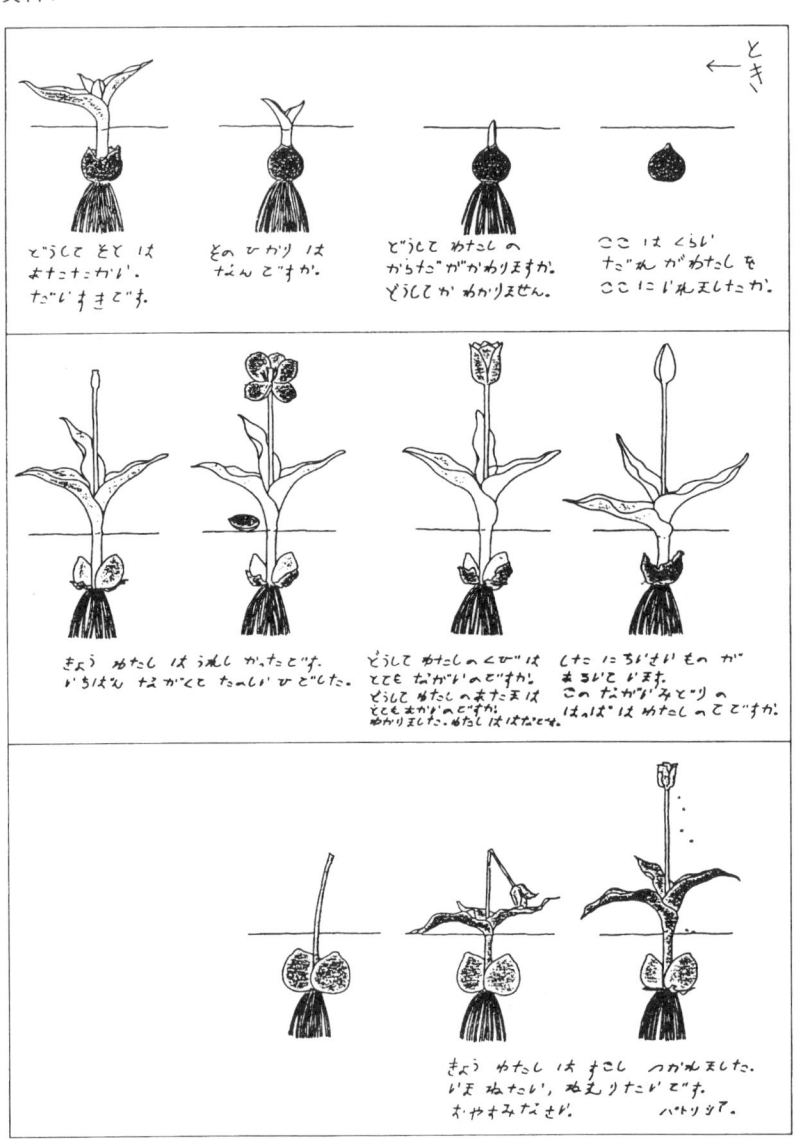

→ とき

どうして とと は よかったかが だいすきです。

どの ひかり は なんですか。

どうして わたしの からだが かわりますか。 どうしてか わかりません。

ここは くらい。 だれが わたしを ここに いれましたか。

きょう わたし は うれし かったです。 いちばん ながくて たのしい ひでした。

どうして わたしの くびは とても ながいのですか。 どうして わたしの まえには とても ながいのですか わかりました。わたしは はなです。

したに ちいさい ものが あると います。 このながい みどりの はっぱは わたしの ですか。

きょう わたし は すこし つかれました。 いま ねたい、ねむりたいです。 おやすみなさい。   バトリッチ。

100

2．絵だけの提示――想像と創作――

　一切の説明をつけずに3枚のコピーを配布した。タイトル〈とき〉とだけ決まっている。3枚の順序も指定はしない。3人三様の個性的な作品ができた。

　1例としてAの作品を紹介しておく。(資料7)

(6)　**反省と課題**

　以上、今年度に行なった授業のほんのあらましだけを述べるにとどまった。時に本来の学習目標より大きく外れ、一語の意味や解釈の仕方に深い興味と関心が寄せられ討論や議論の場にかわる事もあった。彼等の持つ文化や習慣の違いから生まれた極めて単純な（と、思われる）疑問に即答できなかった事もあり、改めて日本語のもつ独特の意味の深さに立ちどまり考えさせられる日々であった。また、ささいな一言から白熱した意見が続出することもしばしばであり、現場にいる日本語教師として、どのように対処し説明し双方が納得、理解し合えるか自問し続けた。

　日本語という一つの言語を使って語り合い、考え、伝達することは単に言語の習得だけを目的とした語いの増加や会話練習の繰り返しだけで済まされないのはむろんの事である。

　たがいに相手の人格を認め合い、さらに自己の思想や表現を発展させ外国語である日本語で伝達できるようにしていきたい。

　日本の大学における外国人学生への日本語指導目標として常にあげられるのは次の項目である。
1．日本語による講義を理解できる能力
2．日本語で論文・レポートが書ける能力
　しかし、この中に
3．自分の意見や感想を述べたり、その場で質問できる能力
と言うのは、あまり含まれていないように思われる。

　つまり1、2が達成されたと見なされた学生は当然3、はすでに可能であるという解釈になっている。しかし、先にも述べた通り中級程度の教材

や文章が読める学生であっても、我々が非常に簡単だと考える短文や用語を使用する事ができないために様々な誤解やトラブルにぶつかる事がある。そして、それを本人も気付く事がないまま過ぎてしまい、さらに大きな問題へと発展してしまう場合がある。

日本語専攻の学生ではなく個々に別々の専門分野を持ち、日本語で講義を受けなければならない立場の学生に対して、今後指導する側としてどのような対策や対応をとるべきか慎重に考慮し、確かなカリキュラムを立てなければならない。スタート時における充分なオリエンテーションの必要性も見逃すことができない。

彼等の抱える問題に、ひとつひとつ答える事の出来なかった力量のなさを痛感し、反省する事ばかりであったが、やはり3人の学生の日本語学習に対するひたむきな熱心さに引かれ今年度を終えることができた。

3) クラスⅡの「日本語フォローアップ」授業の実際と問題点

(1) テキストに基づく実践

クラスⅡの構成メンバーは、教員研修留学生2名（韓国）大学院生2名（台湾）の4名で、プレテストの結果からも中級程度の力があると見うけられた。そして、全員が会話力を高めことを希望し、討論や意見の交換も自由にやりたいということであった。

相談の結果、学生は数種類の教科書や教材の中から、つぎのテキストを選んだ。当面これに基づいてやってみようという柔軟なスタートをした。

「実用日本語　会話集　上級1」　　　著　者　江副隆秀・鬼木和子
　　　　　　　　　　　1981年7月10日　新宿日本語学校発行

これは10年前に発行された実績あるものであるが、各会話は、それぞれの話題に沿って実社会の中で日本人が自然に話すようなものなので、理解しにくい面もあり、はたして適切な教材となるか疑問であった。しかし、予想以上に活用でき、けっきょく終始このテキストを放さなかった。

まず、このテキストに基づく指導の実践例を記し、気づきを述べたい。

a 実践例Ⅰ ——国際人って何——日本車のアメリカ進出

〈6月26日〉

（教材）

　　　　国際人って何？　——日本車のアメリカ進出——

A　日本人はまだまだ国際人にはなりきれないね。
B　だしぬけに何を言い出すんだよ。
　　思わず、あ、僕は英語はできないよ、なんて答えたくなっちゃうよ。
A　いや、そんな問題じゃないんだ。
B　じゃ、なんだい。
A　この記事を見てて考えていたんだ。
B　日米経済対立か。
　　自動車の問題かな。
A　あ、その通り。
B　よくわかんないけど、僕がアメリカ人だったら、実際問題かなり頭にくるだろうな。
A　どうしてさ。
B　例えば、クライスラーかなんかの社員だったらもう大変さ。
A　ふん
B　自分のところの自動車はぜんぜん売れない。
　　ちょっと町を見れば日本製の自動車がわんさか走ってる。
　　乗ってる連中を見れば、これが全員アメリカ人。
A　愛国者はいないのかって具合だ。
B　そういうこと。
　　その上、輸出して来る相手である日本は、アメリカ車を全然輸入しない。
　　これじゃ、やっちゃいけないよ。
A　しかし、問題の位置づけが少し違うぞ。
　　日本は小さい国なのに車が多すぎるんで公害が出た。
　　こりゃまずいっていうんで規制をしいた。
B　そしたら、たまたま米国の車は技術的に追いつかなかったっていうんだろ。

>A あの広い国だぜ。どこへ公害まきちらしたって苦にならない。技術的にって言うより、初期の段階ではする必要を感じなかったんだろうな。
>B それは言えてるかも知れないな。
>A しかしね、現時点における米国のやり方は面白いね。日本の会社にアメリカへ進出して自動車をつくれってんだからね。
>B 日本人とは発想そのものが違うんだよ。
>A もうひとつ面白いのは日本の大会社の反応なんだ。
>B へーっ
>A 要するにアメリカ進出が資本的に可能でも、アメリカ人を使いこなせるかどうかに自信が無いんだよ。
>B そうか、米国人じゃ「部長、おはようございます」なんて言わないで「ヘイ、タカシ、グットモーニング」なんて言いかねないしな。
>A 文化的ギャップが、経営陣をたじろがせてるんだそうだよ。

　授業の進め方は、相談しながら決めていった。お互いに質問したり答えたりするのも、だいじな学習と考え、発言を待つようにした。このクラスは、初めから自発的な学習態度で、活発に意見が出た。むずかしいと思われる語句なども、あらかじめとり出しておくが提示はせず、質問を待った。

　むずかしいと思われる表現

①だしぬけに　②思わず「……」なんて答えたくなっちゃうよ。　③よくわかんないけど　④頭にくる　⑤クライスラーかなんかだったらもう大変さ　⑥わんさか　⑦やっちゃいけない　⑧問題の位置づけが少し違う　⑨車が多すぎるんで公害が出た　⑩こりゃまずいっていうんで規制をしいた　⑪それは言えてるかも知れない　⑫発想そのものが違う　⑬言いかねない　⑭文化的ギャップ　⑮経営陣をたじろがせてる

　内容把握がむずかしいと思われる部分

①初期の段階ではする必要を感じなかった。
　（何をするのか。だれが感じなかったのか。）

②米国のやり方は面白い（表記は「おもしろい」の方がよいことを指摘）
　　（どういうことか）
③もうひとつ面白いのは日本の大会社の反応なんだ
　　（どうおもしろいのだろうか）
④資本的に可能でも
　　（何が不可能？）
⑤アメリカ人を使いこなせるかどうかに自信がない
　　（それはなぜ）

　こうした語句と内容の理解のあと、役割をかえて、イントネーションやフレーズの緩急に注意しながら、会話らしく練習するという過程をとった。こうした練習にどれくらいのメリットがあるのかという疑問も湧いたが、学生たちは、この会話の独特の言い方をむしろ楽しんでいた。慣れることによって、口話的表現が身につくものと考えてすすめた。このテキストが好まれるのは、話題のおもしろさと、基礎日本語の教科書にはない、なまの日本語、テレビドラマで話されるような省略や飛躍の多い日本語に接することができる点にあると考えるようになった。ひとりの学生は、こうしたことばを使うことよりも聞く力をもちたいと話している。
　また、こうした会話は、日本社会の現実の問題点を含んでおり、その問題に即した、いわばホットな資料を提供して、テキストの補充をするよう心がけた。
　この日は、『imidas』（集英社）の記事、「日米自動車貿易摩擦」の項を資料として話し合いをした。そのように進めると、つぎのような学習が可能となった。
①1990年の時点での具体的な数字などによって、摩擦の実情を知り意見を述べ合う。（架空の論議でなく）
②テキストには「文化的ギャップが経営陣をたじろがせている」とあるが、現在、日本企業のアメリカでの車の現地生産はすでに220万台に達しようとしているという事実を知り、これに関する感想や意見を交換するこ

とができる。
③世界の自動車市場は日米欧韓を中心として無国籍化に向かっている—この記事から韓国の実情を語ってもらうことができる。

　こういう現実の話題になると、学生たちは、自分の持っている日本語の力で、努力しながら話そうとする。表現の充分でないところは「どう言えばよいでしょうか」と尋ねたり、言い直したり、お互いに助け舟を出したりして和気あいあいのうちに話がはずんだ。

b　実践例Ⅱ　—死ぬまで安心？—日本の企業　　　　　　〈6月12日〉
（教材）

```
――― 死ぬまで安心？―――日本の企業

A  日本の企の特徴はどんなものだと思いますか。
B  そうですね。年功序列、終身雇用制と言ったところでしょうか。
A  そう、そのとおりですよ。
B  この制度は、昔から日本に定着していたのですか。
A  いや、そんなに歴史は長くないようですよ。戦前、それから戦後の
   動乱期には、労働者がいわゆる出稼ぎ的要素を持っていましたから、
   人員整理は頻繁に行なわれていたようです。
B  「出稼ぎ的」っていうのはどう言う意味なんですか。
A  当時、日本の家族は今とちがって大家族の形をとるのが一般的で、
   その大本の職業は農業でした。会社を首になれば、家の仕事に戻れ
   ばいいというのが大半だったからなんです。
B  なるほど、そうだったんですか。ではいつごろから、この終身雇用
   制などが、一般化されるようになったのですか。
                                              1955
A  それは、経済成長と深い関係があって、日本は昭和30年代から、年
   平均10％の実質成長を20年間も続けて来ました。それぞれ多少の景
   気変動があっても、慣れた従業員を抱えている方が得だと言うので、
   この発想が一般化したのです。
B  はあ、そういう裏付けがあったんですね。なるほど、とすると、低
   成長時代に入った現在、この終身雇用や年功序列を維持することは、
```

> 難しくなって来るのでしょうか。
> A ええ、それは大変な問題になりつつありますよ。現に従業員について言うと、今までは、新卒の若年者を多数採用して、ピラミッド型の年齢構成を造っていたのですが、成長の衰えと共に、その採用数も減り、中年の高給者の層が多くなって来ています。となると経営者側も、終身雇用の継続が苦しくなってくる訳ですよ。
> B はあ、それはそうでしょうね。でもそうなったら、いわゆる窓際族なんて言うのも消えるかしら。
> A （笑）、そのうち、学歴で一生が決まるなんて事もなく、受験地獄から抜け出せるかもしれませんね。

この教材も、語句や表現のしかたについて、学習すべき点も多かったが、ここでは、この教材で話題となっている年功序列、終身雇用制という日本的な制度や慣習についての考察に重点をおいた。そのため、関連する新聞記事や生きた内容を補充して、この制度が少しずつ揺れ動いている日本社会の一面を理解し、意見を述べ合うという展開とした。補充資料の概略はつぎのようである。

ア 新聞記事
　①朝日新聞（H3.6.2）
　　見出し「年功は評価しません」「年俸制採用企業が急増」「働き次第数百万増減」
　②徳島新聞（H3.9.9）
　　見出し「国際化わたしも一言」「アジアにも関心を」「年功序列に戸惑い」―インド出身、ヴァサンティ・メノン新居さんへのインタビュー記事

イ 『日本事情』より
　　Ⅳ「日本人の社会と生活」4「年功序列」
　　この日本事情のテキストは、1987年9月に初版されたもので、（1990年4月5刷）この「年功序列」の項では、「社会の急激な変化で

この制度も大きな矛盾を生み出している」(中略)「最近では職務の遂行能力によって、企業内での賃金格差を決定しようとする企業が出てきている」(後略)と述べている。

こうした参考資料を読みながら、質問や意見を出し合い、さらに韓国や台湾の実情をお互いに語るという方法で4人が交替で発言した。一般に、自国のことについて語るときは生き生きと発言するので、なるべく時間をとるようにした。

私にとって興味深かったのは、韓国や台湾では「年功序列」はむしろ「長幼の序」として大家族や親戚の間に根強く残っているのに対し、日本では家庭よりも社会的にその慣習が強いという指摘であった。ある学生は、「食堂でも21歳の学生が20歳の学生にお茶を入れてもらっている」と驚いていた。またスポーツクラブの学生の先輩後輩の関係のきびしさについても「おかしい」と指摘する学生もあり、考えさせられた。

c　実践例Ⅲ　―おはようございます―朝の会社　　　〈10月23日〉
(教材)

```
　　　　　　――おはようございます――　朝の会社
A　おはようございます。
B　おはようございます。
　　どうも、お待たせしちゃって。
　　何時頃おいでになりましたか。
A　いえ、5分前に着いたぐらいです。
B　あ、そうですか。
　　すっかりお待たせしたかと思って。
　　いえ、毎日始業前に日本語の特訓がありましてね。
A　そうですか。
　　何時からですか。
B　8時ですが、時々ねぼうしそうになりますよ。
A　しかし、それは御熱心なことですね。
```

>   私達の会社も見習わなくちゃなりませんね。
> B　や、まだまだ私などは日本語が下手なんで、何と申しますか、要するにもっと勉強しなきゃならないんですよ。
> A　そうですか、（　　）さんなど、ずい分お上手で、日本人と同じぐらいですよ。
> B　日本の方にそう言っていただけると、うれしくなりますね。
>   今後とも、日本語の方も一緒に、ひとつよろしくお願いしますよ。
> A　いえいえ、とんでもない。
>   こちらこそ、ひとつよろしく。
>
> A　ところで、先日の件ですが、
>   今日、見積りをお持ちしましたんで、まずそれをお見せしようかと思うんですが、
> B　あ、それはどうも。
>   もうおできになりましたか。
>   内容がちょっとややこしいんで、時間がかかると思っておりましたが、それはぜひ、拝見したいものですね。
> A　時間的に申しますと、確かにきつかったんで、全体としては大ざっぱのように思われるかも知れませんが、その点は今日、もう少しつっ込んだ話にして、より正確にしようと思いましてね。

　この会話は、Aが、かねて依頼されていた見積書を渡すために、Bの勤める会社にやって来たところから始まる。Bは、この会社で働く外国人であり、毎朝、始業前に日本語の特訓を受けているという設定である。この会話の流れを理解するのには、少し時間を要した。
　敬語表現（とくに謙譲語）が多いことが、この会話の特徴であるが、実際にビジネスマンが、このようなやりとりをするのかという質問が出た。また、大学内で先生方と接する際の敬語表現についても、具体的な場面をとり出して改めて確め合うこともできた。
　この教材では、イントネーションの学習をひとつの目標としたので、この点についてつぎに記したい。

一般的に韓国の学生は、フレーズの終りを揚げて話す傾向があり、抑えることがむずかしいようである。たとえば、つぎのようになる。

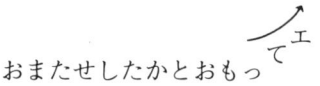

　　おまたせしたかとおもって↗エ

疑問のときだけ文末を揚げるとわかっても、実際にはむずかしいとのことであり、「遠慮なく直してください」という日ごろの希望に沿って、つぎのように板書して練習を試みた。

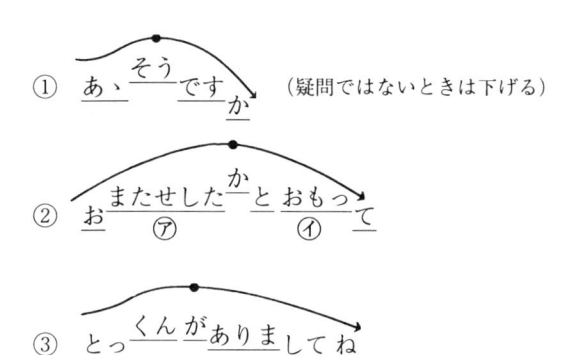

① あ、そうですか　　（疑問ではないときは下げる）

② おまたせしたかとおもって
　　　　　㋐　　　㋑

③ とっくんがありましてね

　単語や文節の高低のアクセントに加えて、フレーズ毎にこうした抑揚があることを理解すれば、より日本語らしい会話となるばかりでなく、ひとつのまとまりとしてフレーズを聞く力となるのではないかとも提案した。それとともに、上記②の㋐の部分は少し速めに、㋑の部分は少しゆっくり話すといった日本語のリズムも体得していけば、長時間、日本語を聞いても疲れが少ないのではないかと考えている。

　このクラスでは、韓国の学生2人が、日本語能力検定試験（12月8日実施）を受験することになっていたので、ヒアリングの能力を高めるためにも、イントネーションを意識させたかった。また、他の2人の台湾出身の院生も、日本語での講義を聞くのは疲れると話しているので、ここでは、聞くことにもつながるフレーズの抑揚をとりあげた。

　（日本語能力検定試験のために、受験対策をと考えたが、学生は、このままでじゅうぶん勉強になるからその必要はないと答えたので、特別のことはしなかった。その代

り、クラスⅠの金曜日の授業に参加したので、豊永先生に負担をおかけする結果になった。)

d 実践例Ⅳ ―浪人って何?―大学入試　　　　　　　〈11月13日〉

(教材)

―― 浪人って？ ―― 大学入試

A 日本では大学に入学することは難しいんでしょうか。
B えゝ、難しいと言えるでしょうね。
A 大体、高校生の何パーセントが大学へ行くんですか。
B はっきりわかりませんが、
　そうそう、この間見た新聞によると、
　80年の場合、受験生が80万人いるとか言っていましたね。
A ずい分いるんですね。
B 正確には、83万人かな。
A 全員大学へ行けるんですか。
B いえ、そんなことありませんよ。
　国、公、私立、それに短大まで入れて約59万人、水増しを考えると、
　60万人ぐらいしか大学へ行けないんじゃないかな。
A それじゃ、あとの20万人はどうなるんですか。
B 浪人したり、
A 浪人って何ですか。
B 大学へ行けなくて、自分で勉強する人のことなんですが、
A 自分一人で勉強するんですか。
B いや、予備校へ行くでしょうね実際は。
A それにしても、浪人って言葉は面白いですね。
B 元々は、殿様についていない<u>さむらい</u>のことですよ。
A そうですか。
　でも、次の年にその浪人が全員大学へ行くとは限りませんね。
B えゝ、ですから大学に見きりをつける人も沢山いますよ。
　決して大学へ行くことが人生のすべてでは無いんですが。

> A そうですが、
>   ある意味で見きりをつける必要もあるでしょうが、
>   ある意味で見きりをつけない根性も必要でしょうね。
> B それはもう個人の生き方の問題ですね。
>   浪人の意味も知らぬAに対してこういう話をしていいものでしょうか。
>   私としては、日本の受験のやり方、あるいは学歴社会がいいとは、決して思っていなんです。
> A しかし、青年達にとっては、大変なことですね。
> B えゝ、特に自分はだめだ、なんて見きり方をした人には、いかにシステムとは言えかわいそうだと思います。
>   私の頃は、大学に行かなくても済んだんですがね、

　この会話は、大学入試についての日本人Bと外国人Aとの会話である。「浪人」ということばは、全員が知っていた。韓国も台湾も日本以上に大学入試はむずかしいという。

　ここでは、状況を把握したり、お互いの価値観について語ったりすることにポイントをおいたので、この面について記したい。

　補助資料として、徳島新聞（8月7日付）に載せられた文部省の「平成3年度学校基本調査速報」を利用した。このデータとテキストの数字の差が、学生の興味をひいた。

（比較）

	テキスト	文部省調査
	1980年	1991年
志願者	83万人	1,199,193人
（現役志願者）		(904,732)　卒業生の50％
入学者	60万人	771,451人
（国、公立、私立、短大）		
不合格者	23万人	435,271人
（浪人）		

Ⅲ　日本語・日本事情の授業の実際

　以上の数字のほかに、新聞は見出しに「大学・短大志願者5割超す」「本県の進学率41.3％で全国9位」と大きく掲げている。さらに進学率1位奈良48.5％、2位広島46.6％、そして7位大阪、8位東京というのも意外なデータとして話題になった。お互いの価値感を語るという意図とは違って、「学歴社会」「中流意識」（既習）に結びつけて、"気のどく""日本のこどもは恵まれている"といった意見の交換になったりした。
　学生たちは、この新聞記事のもうひとつの見出しに「小・中登校拒否4.8万人と最高」とあるのも見逃さなかった。この登校拒否、不登校については、学内の講義でも聞いているが、韓国台湾ともに社会的問題になっていないので、日本の実情に驚くばかりであった。このことについての現場のとり組みなどについて知りたいという希望が出されたので、「日本事情」の時間にとりあげることにした。

　以上、クラスⅡの「日本語フォローアップ授業」について、テキストに基づく実践4例を報告し、気づきを記した。
　最初にも述べたように、この「実用日本語　会話集　上級1」というテキストが、本年度の学生にとって日本語の糧となるものかどうか確信がもてなかったが、学生たちが迷わずに選んだことを尊重して、私なりに模索し、工夫を続けた。「自己紹介」の第1ページから、ていねいに学習しようとする態度にまず打たれ、どんな話題も拒否せず身をのり出してくる真摯さにも打たれた。
　学生たちが日本人学生の日常会話や研究活動に参加して、自然に応答のことばが出てくるようにするには、耳からたくさんの会話を入れることが肝要と思われる。そのために目標に即して、日本人学生の会話のテープを整えるといったことも今後の課題である。

(2)　**自由な話し合いの教材化**
　はじめにも述べたように、このクラスでは、「自由に討論をしたい」という希望が強かったので、その機会を随時、とらえるよう心がけた。2学

113

期からは、クラスⅠの学生も参加して、活発な意見の交換がおこなわれた。事前に準備したものではなく、自然発生的に、話がはずんだものとして、つぎのようなテーマがあった。

①共通語と方言（5月8日）　②相手の呼び方、妻の呼び方（5月15日）　③表音文字と表意文字（5月15日）　④外来語について（5月22日）　⑤「第九」演奏会と鳴門（6月5日）　⑥「タテ社会」──私の国では（9月11日）　⑦教育ママ是か非か（10月9日）　⑧男女平等社会とは（11月16日）

　この中から、私のメモにより、紙上に再現したものを、ひとつ紹介したい。学生が、つまったり、苦しんだりしたことばの意味をとらえて、滑らかな表現に直してみた。この「紙上録音」を配って各自に発言の意図とずれていないか確めたり、他人の発言を改めてとらえたりする追体験は、それなりにまた有効であった。

紙上録音(2)　5月15日（水）
表音文字と表意文字

橋本　先週は、テキストを練習していくうちに、おもしろい話題に展開していきましたね。共通語と方言ということについて、とてもいい話し合いができました。このように、紙上録音してみますと、かたかなことばが、いろいろ出ていますね。コミュニケーション、80パーセント、コンプレックス、バイリンガル。私たち日本人は、英語をかたかなで発音して会話の中で、たくさん使っています。どうでしょうか。聞きにくいですか。

全　　私たちは、英語は英語の発音で使いますが、日本語の発音にはない音が（英語には）多いから、しかたがないんじゃ ないでしょうか。

林　　バイリンガル？　なんですか？

橋本　2か国語を自由に話すことです。(bilingual)
　　　　林さんは、お国のことばと日本語とバイリンガルでしょう。

林　　まだまだだめです。

鄭　　韓国でも「コミュニケーション」は使うことは使いますが、そ

れと同じ韓国語を使うことが多いんです。
全　「コンプレックス」も、英語を使うよりも、韓国語を使うほうが多いですね。
鄭　学者や、学校の先生たちが、心理学的に使う時、「コンプレックス」を使います。日常会話では、それに当る韓国語を使います。
橋本　なるほど、やたらに英語を使わないのですね。日本では優越感は、そのまま日本語を使っています。反対語の劣等感だけ英語を使うことが多いようです。
林　台湾でも、日常会話では、あまり英語を使いません。ビジネスの人は、たくさん使っているのですが…。
全　中国語では、ゴルバチョフなど表記するのに困るでしょう。
林　はい。そうですね。漢字だけで書かなければなりませんから。
鄭　外来語を書くときは、漢字の音を利用するわけですか？
林　そうです。むずかしい問題です。コンピュータは「電脳」と意味で書き表わします。コーヒーは「珈琲」と書きます。
橋本　2種類（二通り）の方法があるんですね。漢字は表意文字ですから、英語でもフランス語でも意味をとらえて（から）漢字になおす一方、ゴルバチョフ、コーヒーのように音で表記することも必要なのですね。
全　ひらがな、かたかながないから、たいへんですね。韓国のハングルは、表音文字ですから、組合わせで音を作ることができます。だからかなり正確に外国語を表記できます。
橋本　最近テレビを見ていると、「京城日報」など、新聞に漢字が多くなったように思いますが…。
鄭　そうですね。最近漢字の便利さが認められて、だんだん多く使われるようになりました。昔は、たくさん使っていたのですから……。
橋本　そうですね。日本への漢字の伝来は、中国から韓国を経由して（経て）きたのですものね。ルーツ（root）は一緒ですね。

4）「日本事情・日本文化」の授業について

　ここでは紙数の関係上、「日本事情・日本文化」の授業で扱った項目の一覧を提示するにとどめる。ただ、知識の教科に終らせず、積極的に行動することを勧めたかったので、いくつかの試みをした。その一部を記したい。

(1) 電話をかける

　5月29日、新幹線について学習したあと、実際にテレホンカードを使ってJR四国鳴門旅行センターに電話をかけることを試みた。略地図により自分の目的地を選び、乗車券、特急券、指定席券などの代金を尋ねたり、往復料金なら割引きがあるかなど、それぞれ真剣に尋ねた。そのあと、自分の得た情報を交換し合ったが、ていねいにメモをとる姿に接し、やはり必要な情報なのだろうと推察した。

　このことについては、JR旅行センターにあらかじめ了解を得ておいた。係員は、親切にゆっくりと応答してくれたので、学生は、どきどきしながらも勇気を出して話すことができたようである。今後は友だちを頼らず、なるべく自分で行動するように勧めた。

(2) 依頼状や礼状を書く

　練習という、いわば「虚の場」から、さらに「実の場」へ学生を誘い出し、日本人との接点をもたせたいという願いから、積極的に手紙を書くことを勧めた。たとえば、「観光地」についての学習のあと、宮城県のたなばた祭に関する観光案内を求める依頼状を書く―というように。「練習だけでいいです」と話していた学生たちも、実際に折り返し観光案内が送られてくると、その手ごたえに驚いたり歓声をあげたりした。

　「手紙文」は「日本語」の時間に限らず、モデルを示せば十分書くことができるし、それはひとつの喜びであるように見うけられた。紙数がないので、依頼状、礼状、暑中みまいなどを、そのまま紹介し記録としたい。

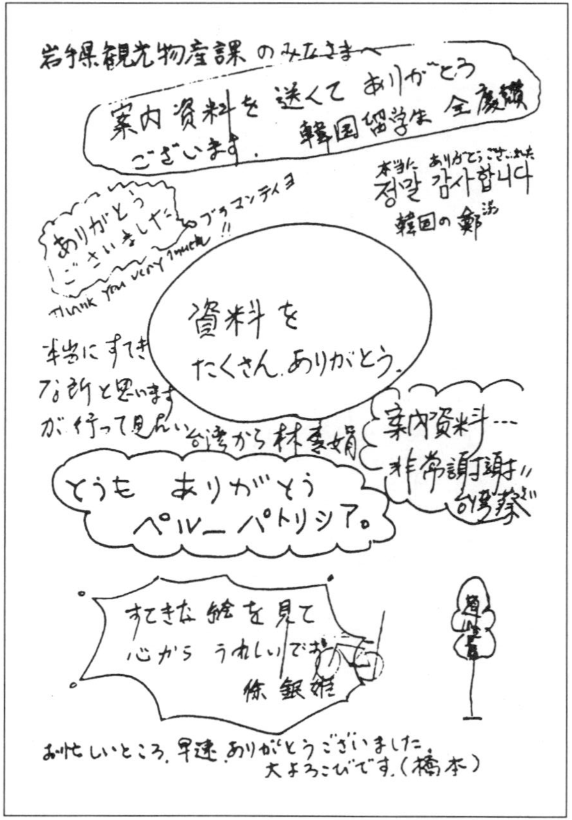

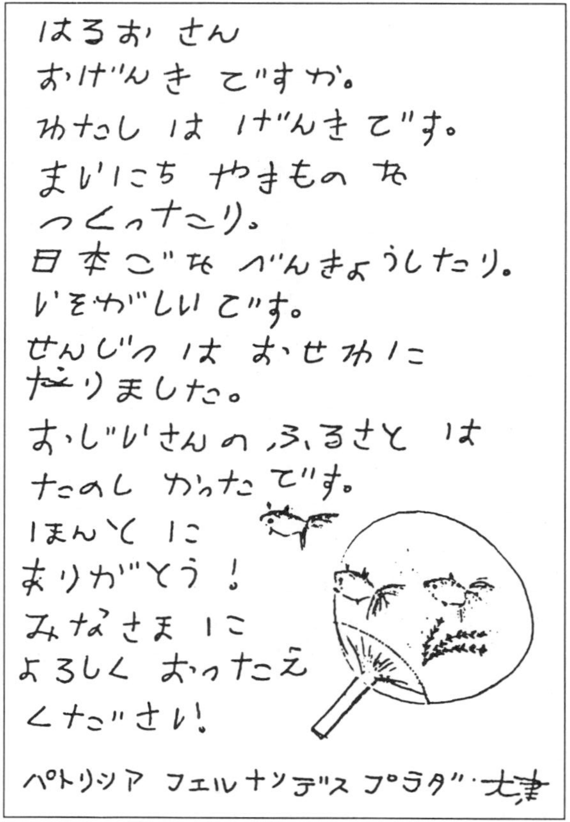

はるお さん
おげんきですか。
こちらは みんな げんきです。
まいにちあついです。
日本ごを べんきょうしたり、
まつりを みたり していました。
せんじつは おせわに
なりました。
おじいさんの ふるさとは
たのしかったです。
ほんとうに
ありがとう
ございました。
またこんど
よろしく
おねがい
してください！

ペンシルブァニア フィルァデルフィア ブラダー大学

岩手県観光物産課のみなさまへ

案内資料を送って下さって
ごうざいます。

韓国語のを
韓国留学生に
みせて あげたいと思います。

資料を
たくさん ありがとう

どうもありがとう
ございました。
ペンシルバニア

え をかきました 2年生です。
ごめんなさい
きょうりゅうです。(徳本)

暑中お見舞申し上げます。

お元気ですか。
私も先生のおかげさまで元気です。
OSAKA外大にいた時はいろいろお世話になりました。今は「鳴門教育大学」で新しい日本語先生と切磋琢磨しております。
もうおつかれが始まりました。
けっこうに気をつけてください。
ますますご健康のほどを祈ります。
それではさようなら。

1991.7.1

酒先生の奥様

先日はいろいろお世話になりました。おおぜいの人達をお招きしてくださって大変でしたね。美しいお月様を見ながらごちそうをいただいてとても、とても、本当におうれしかった。国際通りで人込み回りシャッピングして、愛国民になった大変うれしい出来事でした。本当にありがとうございました。他にお礼しに上がりたいのですが、くれぐれもお身体をお大事になさって ませ。

1991. 9. 25. 韓国の鄭

ミチコ
お母さんへ。

お元気ですか。私は元気です。大学院の入学試験のことを考えたら、とても怖くて、あまりよく眠れません。今回の試験は答えを日本語で書かなければなりませんから、もちろん私には自信がありません。しかし仕方がないので、私はどうしても勉強しなければなりません。

先日はてんとを送って下さってありがとうございました。温かくて早速、安心する時に着ています。

今週の１５日に私は音楽の院生の友人といっしょに岡山まで行って、ドイツの泣き凹凸奏曲を聞きます。また、１６日と１７日には鳴門教育大学の留学生全員で高知へバスで旅行します。このようによく学び、よく遊びますから、ご安心下さい。ワープロの練習を始めましたので、今日はワープロで手紙を書きました。

ではお元気で。さよなら
90年11月01日
T. アラマンディヨ

依頼状
群馬県観光課係長様

私は鳴門教育大学の教材開発専攻という院生です。毎週木曜日は日本事情の時間です。二つ時間に習ったことが日本の事情について勉強しています。先週「夏の思い出」という歌を習いました。

その歌う歌詞の中で尾瀬が出ました。尾瀬の風景について先生からいろいろ話していまいたが、参加者が尾瀬を旅行したいと思いました。旅行の計画を立てるとちょっと困った問題がたくさん出てきました。

それで、群馬県観光課係長に手紙を出すことになりました。尾瀬の観光案内について教えて頂きたいと思います。

よろしくお願いいたします。

1991. 7.
鳴門教育大学教材開発専攻学生
金廈模

5)「日本事情・日本文化」の授業で取りあげた項目

『日本事情 Japan a La carte』
　(1)年中行事
　(2)日本人の社会と生活
　(3)日本の文化（一部）

『日本事情シリーズ　日本の地理』
　○日本の気候
　○観光地
　　　国立公園　日本三景
　○新幹線

『雪月花の心　Japanese identity』
　○お花見
　○お月見
　○茶の湯
　○彼　岸

◎鳴門案内（NARUTO guide book）
　　○わかめ　○大谷焼　○観潮
　　○ドイツ館　○第九シンフォニー
　　○人形浄瑠璃　○文楽人形師大江さん
　　○あいぞめ

◎生活習慣
　　○国民の祝日
　　○母の日　父の日
　　○たなばた行事
　　○夏・秋の祭り
　　○盆の行事
　　○阿波おどり

◎手紙の書き方

○依頼状
　　○礼　　状
　　○暑中みまい
　　○年賀状
◎話題
　　○外国人弁論大会（県国際交流協会主催）
　　　中国からの留学生趙さん2位に
　　○記念切手
　　○夏目漱石（千円札の肖像）
　　○福沢諭吉（1万円札の肖像）
　　○宇治の平等院鳳凰堂（10円玉のデザイン）
◎国民の生活意識調査
　　中流意識
◎徳島県女性対策総合計画
◎文部省教育基本調査速報（記事）
　　○大学短大進学希望5割超す
　　○徳島県進学率41.3%全国9位
　　○登校拒否　4万8千人
◎教育のいろいろな試み（記事）
　　○校則改正　生徒先生父母らが一体で
　　○身近な草の実標本に
　　○韓国へ修学旅行　阿波おどりで交流を
　　○登校拒否児　ハツラツ
　　○和歌山にフリースクール
◎平和教育（小・中学校）
　　○広島・長崎へ修学旅行
　　○広島平和公園「折鶴の塔」
◎ボランティア活動（記事）
　　○徳島のボランティア

・やまびこコンサート
　　・「手話まつり」
　　・要約筆記「つくしの会」
　　・車いすダンスパーティー
◎俳句について
　『HAIKU BY THE CHILDLEN　地球歳時記'90』より

6）文集作りについて

　学生たちは、平成2年度の留学生文集2冊を興味深く読み、文集作りの提案に意欲的に賛成してくれた。2学期に入り、夏休み中の経験を順次スピーチし、その原稿に手を入れて提出することにした。スピーチのあと質問を受け、それによって原稿がより具体的になったり、わかりやすくなったりしたことは興味深かった。(クラスⅠ、Ⅱ合併の「日本事情」の時間に実施)

　また、それ以外の学習から生まれた文章も、学生に片寄りがないように配慮して載せた。

　文集の題名は「ラブリー高島」と決められ、表紙は大学のある高島と黒崎を結ぶ渡し船のイラストで飾られた。(美術専攻院生の蔡娟紋さんが担当)さらには、伝統を受け継ごうと提案されて、留学生文集第3号となり、学生たちの思いの深さを表すものとなった。

　つぎに作文の題名と作者名を記しておく。

```
留学生文集　第3号（H3.12.11発行）
　　『ラブリー高島』
　　　作文題名　　　　　　　　　　　　　　作者名
　○わたしのなつやすみ　　　　　パトリシア・フェルナンデス
　　　　　　　　　　　　　　　　・プラダ・オオツ
　○名古屋フォーラム'91　　　　　トリヨノ・ブラマンティヨ
```

Ⅲ 日本語・日本事情の授業の実際

○阿波踊りを見て　　　　　　　　　　　　全　慶　讃
○お月見　　　　　　　　　　　　　　　　鄭　点　淑
○新婚旅行のエピソード　　　　　　　　　林　恵　娟
○私の夏休み　　　　　　　　　　　　　　蔡　娟　文
○私が見た日本の印象　　　　　　　　　　徐　銀　姫
★いろいろな文章（詩　暑中みまい　依頼状　礼状など）

おわりに

　設置されて2年目を迎えた日本語教室も、本年度は幸い初級、中級の2クラスに分けて能力別に授業をすすめることができた。その実践の一部をまとめ、授業の実際と課題について報告させていただいた。留学生の語学力の実態とニーズに応じつつ日本語能力を高めていくことは、いつの場合も手さぐりである。実践からそれぞれの課題を見出し、つぎのステップへの資としたい。

Ⅳ
留学生への作文指導と文集作り

11 習熟度別作文指導の実際と文集作り

はじめに

　平成2年4月から、平成4年11月まで、縁あって鳴門教育大学の外国人留学生と、日本語を学ぶ機会を与えられた。その間、韓国、中国、タイ、フィリピン、アルゼンチン、ペルー、メキシコ、ブラジルからの教員研修留学生（文部省招待）ならびに、中国、台湾、インドネシア、スリランカ、アメリカからの研究生28人と会うことができた。非常勤講師としての私の担当は、週1回～2回の「日本語フォローアップ」と、週1回の「日本事情・日本文化」の授業であった。日本語の能力は、あいさつができる程度の者から自国の日本語科を卒業して、日本語能力検定1級に合格した者までという状態であった。しかし、この能力差は、どの年度もクラスに助け合いの気持ちを生み、お互いを尊重する雰囲気を作り出したように思う。

　そうした日本語教室の中から誕生した4冊の文集について簡単に報告し、留学生たちの日本語学習へのけんめいな取り組みを伝えたいと思う。

1）鳴門教育大学留学生の文集の題名、発行日など

　　H2年度　第1号「足音」　　　　　発行日　6月29日　16ページ
　　　〃　　第2号「忘れな草」　　　　　〃　　11月21日　28ページ
　　H3年度　第3号「ラブリー高島」　　　〃　　12月11日　35ページ
　　H4年度　第4号「一期一会」　　　　　〃　　11月18日　33ページ

2）日本語入門期の留学生の作文

　クラスの仲間の前で自分の体験を語ることは楽しい。たどたどしい日本

語であっても、「それから？」「なぜ？」と聞いてくれる相手のいるかぎり学生たちは努力して話そうとする。その一生けんめいな姿を見ていると、話しだけで終わらせてしまうのは惜しいと考え、記録に留めさせようとした。「話すことから作文へ」の導入として次のような試みをした。

　①写真や実物を見せながら指導者の体験を話す。(藍染、大谷焼など)
　②いまの話の構成メモのコピーを配る。(簡単なもの)
　③構成メモによって指導者の書いた文章のコピーを配って読む。(いまの話の再現)

(1)　二篇の「花見」(「足音」所収)

　上記①〜③の導入からスピーチをし、作文した。同じ体験による二篇の「花見」は、それぞれ興味深いものがある。また比較すると見えてくるものも多い。実はここでは、

　◎いかにそれぞれの日本語能力を精一杯に発揮しているか。
　◎初心者の作文にも見られる民族性(中国とアルゼンチンの女性)

などについて述べたいと思っていた。しかし、読めば読むほどこの珠玉のような作文の部分をとりあげて云々するよりも、全部を見ていただきたい気持ちになった。そこで二篇の「花見」(130ペ, 131ペ)をそのままコピーし、分析や考察は読者におまかせしようと思う。

(2)　「男」という漢字

　ペルーの美術の教師、パトリシアさんの作文「わたしのなつやすみ」(「ラブリー高島」所収)は2ページを使って東京とタイへの旅行のことを書いている。美術館へ行ったり、花火を見たり、象に乗ったりした経験が楽しく述べられている。表記は「月」「日」「男」の3文字だけが漢字で、あとはひらがなと、かたかなである。(漢字のむずかしさは想像以上)

　　〔前略……でもそのひとは、さけびました。「パティ、パティ、どうしたんですか。」そこでわたしはわかりました。そこがおとこのおふろだと。それからわたしは「男」というかんじをおぼえました。(後略)〕

ホテルの男湯にゆかたを脱いで入ってしまった失敗談は、漢字一字のわざわいであった。ホテルの不親切を言うよりも「男」という漢字を大きく板書してクラスを沸かせた。
　彼女は、やがて市内の小学校で、日本語で図工の授業ができるほどに、日本語が上達した。所属の美術研究室では陶芸にも熱中し、扇面の器に梅の花をディザインするなど、日本文化の愛好者ともなった。
　文集の製作にあたって、文集の題名を募ったところ、彼女は、「ラブリー高島」というのを提案し、1位で採用が決った。高島（大学の所在地）が大すき。高島を忘れない……と。

3）日本語に習熟した留学生の作文

　ここでは、日本語能力検定試験1級合格の実力をもつ2人の留学生（いずれも台湾の大学の日本語科を卒業したばかりの女性）の作文について述べる。

(1)「男子も厨房に入ろう」（「一期一会」所収）のばあい
　黄さんは、日本語テキストに載っていた「単身赴任」に関する一連の教材に深い興味をもっていた。日本語テキストであるとともに、日本の現代社会や家庭のあり方を問う教材でもあったので、授業中も活発な発言があった。彼女は、男女を問わず自立することの必要性を説き、説得力ある作品を書きあげた。

(2)「映画『橋のない川』を観て」（「一期一会」所収）のばあい
　日本の近世史を研究中の劉さんにとって、この映画は参考になると思い、入場券を贈ったが、予想以上に感動と思索をよび、力作ができあがった。そして、大学の先生方から「日本人の学生たちに、これだけのものが書けるだろうか」と評価された。

　架空のテーマについてではなく、ほんとうに書きたいことを題材とすれば、それにとり組むことで、日本語の能力はより確かなものになっていく——

IV　留学生への作文指導と文集作り

という現場に立ち会うことになった。（作文構成メモにはじまる指導のプロセスは、日本の学生の場合と変らない。）

おわりに

　留学生たちは、茶の湯や能といった日本の伝統文化にも深い興味を示した。そして、その「一期一会」の心を、日本語教室に集う自分たちと重ね合わせて理解し共感するのが常であった。別れを意識するためか、文集作りの提案は毎年よろこんで受け容れられた。熱心に推敲して持って来られると、どこまで手を入れるべきかに悩むことが多かった。

　「よい記念になる」というだけで、あのように熱心にとり組めるものだろうか。ほかに何かがあるような気がしてならない。ただ頭が下るばかりである。

　私にとって貴重な留学生の文集を飽きることもなく読みかえしながら、母校愛媛大学の作文の会「会友」であることへの感謝のしるしとして寄稿させていただいた。

1990年 5月30日

花見

Alejandra Julia Vallone
アレハンドラ フリア ヴァロネ

せん月 11日に 花見が ありました。

　花見は 大学の ちかく でした。さくらの 花が たくさん さきましたので そこは とても しずかで きれいな ところでした。さくらの 花の したで ばんごはんを 食べました。

　三本さんは 友だちと いっしょに ぜんぶ じゅんび しました。すべての りゅう学生は 三本さんから しょうたい して もらいました。

　そこで たくさん 友だちに 会いました。いろいろな 国の 人が いました。タイワンの人や かんこくの人や タイの人などが いました。アルゼンチン人は 私が ひとり でした。

　みなさんと いっしょに 日本の ベーベキューを 食べました。そのりょうりの 中で いろいろなものが ありました。肉や たまねぎや 出た肉 などを 食べて、ビールを のみました。

　徳島の新聞の人も 花見へ 来ました。かれは 私たちに いろいろな しつもんを しました。

　私は はじめて 花見へ 行きました。ほんとに どても たのしかったです。ですから、三本さんに どうも ありがとう ございました と いいました。

アレハンドラさん
アルゼンチンの小学校で英語を教えている。
日本語会話はほとんどできなかった。
（大阪外大日本語別科で半年の学習歴）

Ⅳ　留学生への作文指導と文集作り

花見

劉慧霞

　今年4月9日 すなわち わたしたち 六人が 鳴門へ 来て 一週間 雨との ある 晩.「日本のお母さん」と いわれて いる 三木さんから 花見 という party に 招待して いただきました。その時 海のそばに ある 二本の 桜の木の 花は きれいに 咲いて いました。木の 上に 赤い いろの ちょうちんが つるして ありました。木の下 で たき火は 燃えて いました。火の上で 肉やかきを 焼きました。お月様は おいしい そうな かおりに さそわれて ゆっくりと 山を 登って 来ました。きれいな 満月様でした。風は すこしも ありませんでした。とても きれいで 気持が いい 夜でした。

　三木さんと 友達、留学生 10人、新聞記者と 一緒に 紹介しあったり ビルを 飲んだり 肉を 食べたり 歌を 歌ったり しました。三木の 友達から「北国の春」という 日本で 有名な 歌を 歌って いただきました。その時 ほんとうに 故郷に もどった ような 気がして いました。こんな すばらしい 時間は いまでも また はっきり 覚えて います。いつまでも 忘れません。

劉慧霞さん
中国の中学（6年制）で地学を教えている。
日本語を自習して来日。
（大阪外大日本語別科で半年の学習歴）

12 留学生の作文にみる日本及び日本人
―――「日本事情Ⅰ・Ⅱ」の授業を通じて―――

はじめに

　前章では、鳴門教育大学での「習熟度別作文指導の実際と文集づくり」について述べた。
　ここでは、徳島大学全学共通教育における「日本事情」の授業を通じて留学生の作文に見られる日本及び日本人について報告する。

1)「日本事情」の授業にみる留学生の作文について

(1) 徳島大学全学共通教育について

　留学生のための必修講座として「日本語Ⅰ・Ⅱ」と「日本事情Ⅰ－Ⅳ」が開講されている。このうち、「日本事情Ⅰ」を平成7 (1995) 年度から、「日本事情Ⅰ・Ⅱ」を平成8年度から担当した。
　　○　留学生について
　徳島大学工学部　国籍　マレーシア (1年生)、タイ、カンボジア (3年
　　　　　　　　　　　　生に編入)
　　　　　　　人間関係学部　中国 (1年生) 研究生、韓国、アメリカ　聴講生
マレーシアから学部1年生に入学した学生が中心 (2－5名)
　マラヤ大学の留学予備教育課程で、2年間日本語を学んできている。日本語能力検定試験では、2級、3級ていど。他の研究生・聴講生の日本語能力はまちまちである。

Ⅳ 留学生への作文指導と文集作り

(2) 授業内容と作文について

　「日本事情」の講座は、ⅠからⅣまで開かれているので、Ⅰ・Ⅱにおいては、伝統的な年中行事（初詣・節分・ひな祭・七夕・山びらき　など）、日本人の社会と生活など、日本人の民族性や社会のベースがみえるように項目を設定した。多岐にわたる項目のうち、なるべく留学生の希望に沿うようにつとめた。また、テキストに寄りかからず、新聞記事や調査などの資料を用いて、時事問題や季節の話題［原爆ドームが世界遺産に、沖縄返還25周年、歳末商戦、世界のこども俳句コンテスト　など］ホットな日本事情も提供した。

　そうした営みから生まれたいくつかの例をあげる。

① 「日本事情」と作文

　社会も習慣も異る外国で暮らし始めた学生にとって、「日本事情」として多くの情報を提供されることは、興味のわくことばかりとは言えない。そこで、一方的に押しつけるのでなく「日本事情が大切なのではなく、あなたの意見が大切です」と、常に、疑問・感想・考えを誘い、自己の見方をもつようにすすめた。

　マレーシアの学生にとって、年中行事で神や仏に祈り、また、教会の結婚式にも抵抗なく出席できる日本人の態度は、とくに奇異に映り、理解できないことであろう。自己の主張を整理して、日本人と宗教について、出された疑問をもとに作文する機会を作った。

　こうした作文は、授業時間のうちに書く機会を設け、個別に質問を受けながら、表現や表記について、助言をした。提出された作文を添削して、次の時間に不明確な点を補いながら清書させた。宿題にするより学生の負担が少なく効率的でもある。　　　　　　　　　　　　　　　　［例１］

② 「日本人の社会と生活」では、各自の主体的な見解を述べさせた。

　日本人の労働観、日本的経営、年功序列、中流意識、教育などの項目は、いずれも興味深い内容のようであった。話し合いは活発に進み、意見文もはかどった。卒業後、日本との合弁企業で働く機会の多い学生たちが、こ

133

うしたテーマについて自己の見解をもち、また柔軟に対処できるよう、学友の意見を読み、再度話し合いをした。　　　　　　［例2－1、2－2］
③　日本の歴史の項目のなかでは、日本の平和憲法を取りあげて意見を述べあった。

　歴史への興味は、平安時代から現代まで、その年によって異なっていた。学生の希望に沿いながらも、毎年、帝国憲法と現行憲法の異る点を表に整理し（特に三原則を挙げて）意見を書いてもらった。留学生のなかには、「日本も軍隊を持つべきだ」と主張する学生もいた。対して、アジアへの侵略の歴史の反省のうえにたつ日本の立場についての指導者の考えを述べて話し合い、理解を求め、意見文の参考とした。　　　　　　　　　［例3］
④　俳句を楽しむ

　俳句について知りたいとの希望が毎年出された。知識として理解するよりも、主体的に楽しむようにすすめた。

　AとBの句を比較させたり、空所に入れることばを選んだりすることによって、（第Ⅱ編5・7章を参照されたい）次第に俳句のおもしろさを知り、17音の内蔵するものを探る楽しさも体得していった。

　そこで摑んだものを短い文章（鑑賞文）にしていくことはむずかしいことではなかった。四季の変化のない地域の学生は、紅葉・木枯し・こたつなどの季語を使って、句作りすることを楽しんでつぎつぎと傑作を生んでいった。　　　　　　　　　　　　　　　　　　　　　　　　　［例4］

2）指導の実際

［例1］の意見文が生まれる学習は、次のように進めた。
A　日本の伝統的な年中行事である初詣・節分・ひな祭り・端午の節句・お盆・七五三・除夜の鐘等を資料を用いて紹介していった。
　　資料［おりおりの新聞記事、山びらき、海びらき、高山祭、七夕祭り
　　　　　　など、及び『JAPAN LIFE TODAY　現代日本事情　12章』（海
　　　　　外技術者研修協会　87.7.20)］
　　学生たちは、こうした年中行事の中で、日本人が神仏に祈ったり、自

然の神に祈ったりすることが多いことに気づいた。
B　資料(『現代日本事情』12)により、この問題を整理し、日本人の宗教心について話しあった。
C　グラフの統計を見せる。①日本の宗教人口は、神道・仏教・キリスト教、その他の宗教の信者数を合計すると、日本の総人口の約2倍の 2億2千万人となっていること。②その一方で、宗教を信じないと答える人が、65%〜75%もいる (20年間の政府の統計) 本当の信者は少ないが、宗教的行事や習慣には関心をもち、参加する人が多いということになる。

このような実情を知ったあと、「理解したこと、理解できないこと、興味をもったことを自由に書いて下さい。あなたの宗教観もどうぞ。」との勧めに応じたものである。

[例1]　　　　　　　　　　　　　　　　　　　　マスザマニ

　　　　　　日本人の宗教心について
多くの日本人はやっぱり神道と仏教を信じていますが、信り深いとは言えません。いつも働きばちと言われている日本人ですが結局宗教的な考えがまだあると思います。私にとって、日本人はときどき自分の宗教を変えます。なぜかというと多くの日本人は仏教及び神道を信じていても、他宗教の式に参加できるからです。例えばキリスト教の結婚式です。
今まで私が理解できないのは、どういう訳で日本人はたくさん神様があるのかということです。私にとって神様とは一番偉いし、強いし、世界を作る精神です。もし神様がたくさんあったら、もちろんこの神様たちの戦争が行われるはずです。イスラム教によると神様は一人だけ存在している。アラという名前です。私はムスリムとして死んだあと精神はまだ生きている。

　　　　　人間と宗教
　　　　　　　　　　マルハン

　　私は初めて聞いたものは、日本人は宗教はあまりもっていないそうです。マレーシアで日本語を勉強するとき「私は神道です」「私は仏教です」と先生方から教えてもらいました。キリスト教の日本人もいるでしょう。日本で季節のお祭りと宗教が関係があるのは当然だと思います。
　　イスラム教は人々の暮しや習慣などをとても深く守っています。生まれてから死ぬまでイスラム教の方法や法律を守らなければなりません。お祭りは、何か預言者の歴史的なものや何かを克服したものです。例えば、ラマダンで一ヶ月断食した後、皆はハリラヤプアサと言うお祭りをします。そのとき、皆モスクで集って、おいのりをして、アッラ神様にありがたい気持ちを言います。

［例2－1・2］の意見が生まれたプロセスは、次のようである。

「日本的経営」の授業は、ホットな新聞記事や下記資料を用いて、進めた。資料の一つ『日本を話そう』（日鉄ヒューマンディベロプメント／日本外国語専門学校編）の「日本的経営」は、①定期採用　②日本企業経営の特徴　③雇用制度の変化の3項目について、技術研修生ジャラル（インドネシア人25歳）と会社員　隆（25歳）との対話の形で、次のように進められている。

A　①　日本では、4月に新入社員をいっせいに採用するのが一般的であること。

　　②　日本の企業経営の特徴として、終身雇用制度・年功序列・企業別労働組合をあげて、説明をしている。

　　③　①②で述べたことが、最近どんどん変わってきている状況が語られている。即ち転職者・中途採用者・パートタイマー・外国人社員が増えてきていること。また、終身雇用制度や年功序列のシステムも崩れはじめていることが語られている。

B　つづいて、終身雇用制度・年功序列について、それぞれ「あなたはどう思いますか」「あなたが経営者なら　どう思いますか」「あなたの国では　どうですか」といった設問にこたえるページが置かれている。

C　そのあと、次のような意見を紹介し、学生たちは、それに応える形で自己の意見をまとめていった。

(1) ある人が次のような意見を言っています。あなたはどう思いますか。
　「終身雇用制度では、いったん就職してしまったら、大きな失敗をしたり不景気になったりしなければ、やめさせられない。つまり、ちゃんとまじめに働いていれば、ある程度の収入が保障されるわけです。わたしのように、それほど能力がなくても、働く気持ちがあれば、定年まで生活していけるんですからありがたいですね。まあまあ安心していられるから、会社のためにがんばろうという気持ちになるんですよね。もし、何かあったらやめさせられるとしたら、安心して仕事に打ち込んでいられないんじゃありませんか。」

(2)ある人が次のような意見を言っています。あなたはどう思いますか。
「ひとつの会社に長く勤めていても、いい仕事ができるようになるとは限りません。もちろん、勤続年数が長くて経験の豊かな人が、高い

[例2-1]

　　　　日本的企業経営についての私の意見

　　　　　　　　　　　　　　　　ポンスー・プラスィット

　　終身雇用制度は入社してから定年までその会社で働くことによって、社員は安心して仕事に集中して全力投球できると思います。それに、勤続年数が長くなるにつれて給料や地位などが高くなる年功序列は、やはり長い間仕事していろいろな経験を積み重ねて来た人を高い地位にすれば、それらの経験したことを活用して会社を発展させることができるのではないかと思います。
　　しかし、定年まで働けると思い、安心しすぎて仕事にあまり力を入れない人もいるかもしれません。そのために、やる気と能力のある人を特別にボーナスや給料を高くすれば、他の社員をやる気にさせることができると思います。すなわち、日本の企業経営は両方をバランス良く利用すれば、会社が今よりもっともっと伸びていけるでしょう。

[例2-2]
　　　日本的経営　どう思う...
　　　　　　　　　　　　　　－シャイラ－

　終身雇用制度、年功序列のシステムでは、一度ある会社に入ったら、定年までそこに勤める。それから働いた年数が長くなれば、給料も高くなり、上の地位に昇進する。そのシステムは安心して会社にいられる。能力がなくても働く気持ちがあればちゃんとまじめに働いていれば定年まで生活していけると思う。

　でも能力や将来性などは人によって違うから、昇給や昇進はそれによって差がある。特に高い地位になれば能力のほかに業績なども考えて選ぶから全員が部長や社長になれるわけではない。会社や仕事に必要な能力があってやる気のある人が重要な地位についた方がいいと思う。もちろん勤続年数が長くて経験の豊かな人が高い地位についた方がいいこともある。さらに、会社が伸びていくために一番大切なのは、やる気と能力のある人材だと思う。だからその２つのことはこれからの会社のために大切であると思う。事業のやり方や種類もどんどん変化しているから経験と能力がもっともっと大切になるのではないだろうか。

地位についたほうがいいこともあるかもしれません。しかし、一般的に、会社が伸びていくために一番大切なのは、やる気と能力のある人材だと思います。会社や仕事に必要な能力があって、バリバリやる人が重要な地位についたほうがいいと思います。また、そういう人には、年齢に関係なく高い給料を支払うべきだと思います。事業のやり方や種類もどんどん変化していますから、年功序列では時代遅れになってしまうかもしれません。」

[例2-3・4・5]の意見文が生まれたプロセスは次のようである。
「教育」の授業は資料に沿いながら、不登校の生徒、児童が増えている実情に対し、臨床心理士を派遣するといった最近の新聞記事などを補って進めた。
用いた資料（[例2-1]と同じ『日本を話そう』）の「教育」は、①大学入試②教育制度について、留学生テレサ（スペイン人　23歳）と会社員隆（25歳）との対話の形で次のように進められている。

A　①　大学の選抜方法及び予備校、浪人、塾の説明
　　②　教育制度と就学率、進学率の説明
　　日本の教育の問題点として、知識偏重があげられ、個性や創造力を伸ばすことは、二の次になっている。いい大学に入った方が、いい仕事につきやすいという現実がある。と隆が語る。
B　つづいて表やグラフを見て質問に答える個所があり、アメリカ、イギリス、フランス、ドイツなどの大学への進学率を男女別に表わした棒グラフを見て話し合ったり、日本の大学生の10年間の推移を見て話し合ったりする。
C　そのあと、大学入試や知識偏重について、次のような意見を紹介し、学生たちはそれに対応する形で、自己の意見をまとめていった。

　　ある人が次のような意見を言っています。あなたはどう思いますか。
「日本の学校ではよい大学へ入るための試験勉強ばかりで、社会に

関心を持ったり、自分の意見を発表する機会は少ない、と聞きました。たしかに、大学生の社会に対する意識は低いようです。また、試験勉強だけでは知識がかたよることもあると思います。
　しかし、小中学生の学力検査の結果を見ると、日本の教育水準がトップレベルであるということがわかります。日本の経済成長はこの教育水準を抜きには考えられないと思います。社会への関心などは大人になってからでも持てるのですから、知識を吸収できるときに吸収する、日本の教育はよいと思います。」

[例2-3]

「日本の教育について」

　　　　　　　　　　ムハマド ヒサム

　日本の学校ではいい大学へ入るための試験勉強をしています。いい大学へ入るために幼稚園から一生懸命勉強しているそうです。日本では両親が子供の教育に熱心です。子供の将来のために色々なことをしています。日本では大学へ入るのは大変難しいですから両親はとても心配です。例えば学校から帰った後、塾に行っています。小学生の25％そして6年生と中学生は50％が塾に行っているそうです。マレーシアでそのことはあまりないと思います。マレーシアの教育制度は日本と違いますから　このことは初めて聞きました。

　　　　　　　　　　　　　　11月5日

[例2-4]

学歴偏重社会
　　　　　　　　　　　　　　ゼッティ

　日本では学歴偏重社会なので、母親がこどもに塾や試験勉強を強制するのはあたりまえのことだ。それはこどもの将来を考えるとしかたがない。でもこどもには、自分が自然とともに学ぶことやさまざまな創造できるようなことを与えるべきだ。勉強を強制されてのプレッシャーはこどもが耐えられないので心理的におかしくなる。それが不登校やいじめの原因だと思われる。

　小・中高校へ臨床心理士を派遣させることはいい対策だと思う。マレーシアでは、そのような問題には、各学校ではカウンセラーチームがある。そのメンバーは先生や学生である。かれらは問題の学生の調査をして、その学生といろいろカウンセリングする。なぜかというと、若者はとをど（ほとんど）両親よりともだちのアドバイスを聞くものだから。

　私にとって、プレッシャーより、自分が自分はどのような人になるのかで勉強をがんばることが必要だと思う。

IV　留学生への作文指導と文集作り

[例2－5]

　　　　　日本の教育方法についての感想
　　　　　　　　　　　　　　　　　　許清平
　　日本の教育方法は国家の富強のためにいい人材を育成
することに対して、とてもいい方法だと思います。そして教
育ママはこどもの幸福のためにいっしょうけんめい働いて
金をかせぎ、こどもをいい学校に通わせることにも感心
しました。
　　しかし、人間の本性と天性をまず考えていただきたいの
です。というのは有名校に入るとか、いい会社に入るとか
は人生の全部の内容ではないからです。遊ぶ時代に
はちゃんと遊んで、学生時代にはしっかり勉強して、
社会的な知識や総合的な徳性などをすこしずつ
身につけて、高めたほうがいいと思います。あまり一方
だけ強調して教育すると、知識の偏重や想像力が
弱くなるなどの問題が出てくる結果になるに違いないと
考えております。
　　　　　　　　　　　　　　　　　　10月29日

　以上、作文例［1］・［2］についての指導の実際を具体的に述べてきた。
　異文化の中で、日夜励む留学生が「日本事情」の授業を通して、日本社会と日本人について、自己の見かたを確立し、卒直に表現しようとしてい

る努力に改めて敬意を表したい。彼等はここを足場として、さらに一段と成長していった。

[例3]
　日本の現行憲法の特徴を表に整理し、あなたの意見を書きなさい。

1 現行憲法の四原則について

原則	説明	私の意見
(1) 主権在民	主権は国民のもの　天皇のものではない。	この原則はただしいと思っています。主権は天皇のものであれば、戦争がおこるからです。
(2) 戦争放棄	戦争してはいけない。	私はこの原則は一番正しいと思っています。戦争してはいけない。やっぱり世界の国々はこの原則を作ってほしいですね。
(3) 基本的人権の尊重	人権は国民のだれでも同じである。	これも大事な原則だと思います。人権はだれでも同じ…。人権がありすぎて、大変な問題がおこると思いますが、やっぱりあった方が人間性がよくなると思います。
(4) 思想信教の自由	思想は自由。又に、宗教を信じることも自由。	私は大人せいします。どんな思想も自由。信教の自由の名人上で国民を一つの宗教に化ることを強制したら戦争がおこるはずです。

なまえ　スレン　ソッキアン

IV 留学生への作文指導と文集作り

I 現行憲法の四原則について		
原　則	説　明	私の意見
(1) 主権在民	主権が国民にあります。	国民が国の問題に対する責任を負う人を選ぶ。しかし、若者が選挙にいかない。私にとってこれが悪いと思います。
(2) 戦争放棄	平和を守るために戦争をしません。	平和が続いた国民は多かったから戦争がしないで平和な国になってもらいたいです。私にとって日本には軍隊がなくてもいいと思う。これからこの憲法が続けた方がいいです。
(3) 基本的人権の尊重	お金持ちな人と貧乏な人は同じで、性別差もなく人権はみな平等です。	男性でも女性でも同じことができます。性別差は日本で関係がありません。私の国でもこの場合は同じです。
(4) 思想 信宗教の自由	国民が自由に自分の意見を話せたり宗教を選べたりします。	民主主義国として国民が不満を持ったとき自由に話せます。国民も好きな宗教を選べます。しかし自由に選ぶことは私にとって理解できない。

なまえ　イドリス

[例4]

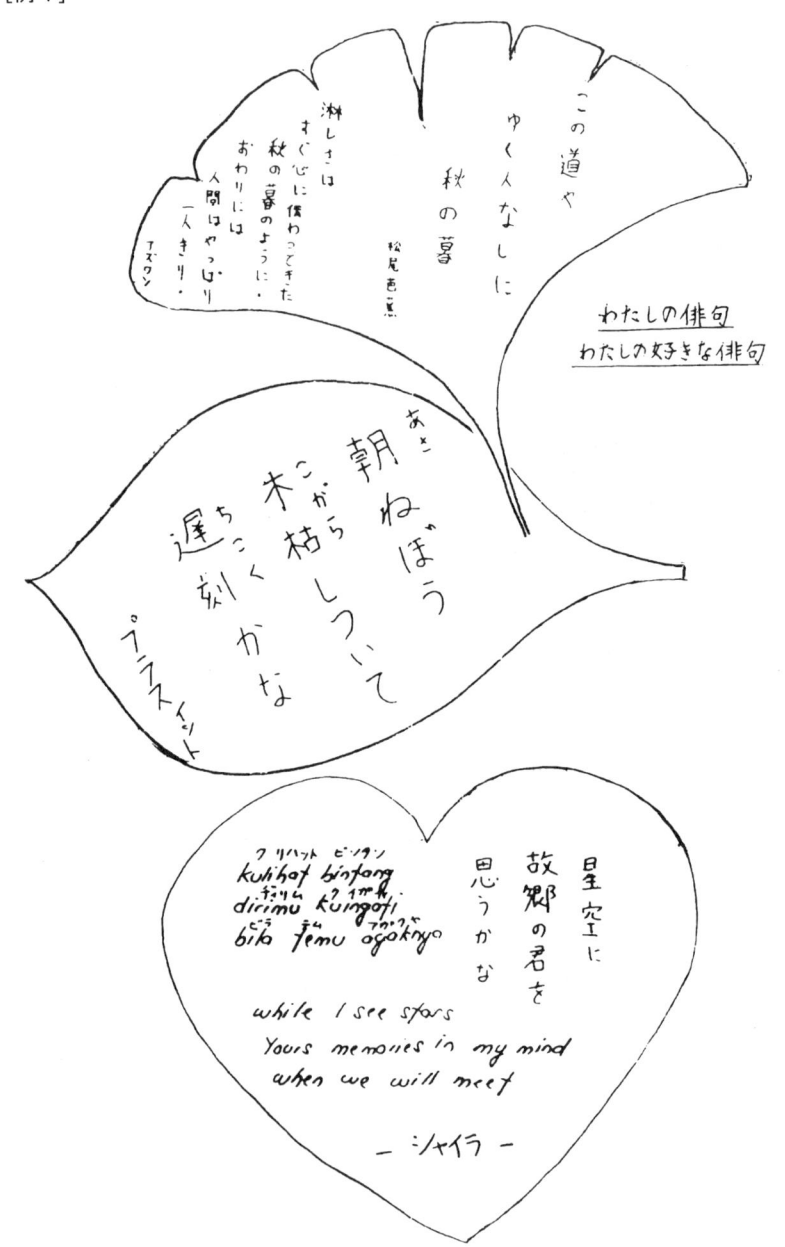

わたしの俳句
わたしの好きな俳句

この道や ゆく人なしに 秋の暮
　　　　　　　松尾芭蕉

淋しさは
すぐ心に伝わってきた
秋の暮のように・
おわりには
人間はやっぱり
一人きり・
　　アズワン

朝ねぼう 木枯らしついて 遅刻するかな
　　プリスット

クリハット　ビンタン
kulihat bintang
ディリム　クインガティ
dirimu kuingati
ビラ　テム　アガクニョ
bila temu agaknya

while I see stars
yours memories in my mind
when we will meet

星空に 故郷の君を 思うかな

— シャイラ —

Ⅳ　留学生への作文指導と文集作り

まよなかに
暖房こわれ
ふるえおり

マルハン

詩人は生命とか
生活とか、好きで
私たちは、影響を
受けます。そして、
俳句この句で万緑の
生命、あの緑の歯を
みて、とてもうれしい
です。

経環

万緑の
中や
吾子の歯
生え初むる

中村草田男

いくら さびしくても がまんして
将来のために
勉強しなければならない

学問のさびしさに耐え炭をつぐ

山口誓子

3）文集作りへ

これまでに徳島大学の留学生と作った文集は、次のようである。

　平成 8 (1996) 年度「日本事情　留学生それぞれの見かた感じかた」
　　　　　　　　　　　　　　　　　　　　　　　　　　　21ペ
　平成 9 (1997) 年度「夢への一歩　——日本事情——」　　18ペ
　平成10 (1998) 年度「現実ここにある」　　　　　　　　27ペ
　平成11 (1999) 年度「明日への一歩・夢を心に・未来へ向おう・
　　　　　　　　　　一期一会」　　　　　　　　　　　　20ペ

　学生たちは、先輩たちのように、日本語作文による文集を作ることを喜び、どの年もていねいに作文を仕あげていった。その真摯さに励まされ仕事を続けることができた。

　このように文集作りを続けることができたのは、愛媛大学作文の会の会報や、機関誌「坊っちゃん列車」などによる40年余にわたる励ましのおかげである。

　故蒲池文雄先生を始め会員、会友のみなさまに心から感謝を捧げたい。

お わ り に

本書に収めた記録や寄稿先などは、次の通りである。

1

I 話しことばの教育、作文教育との出会い
 1　話しことばの教育との出会い──野地潤家先生に学びて──
      『野地潤家著作選集別巻２』　明治図書　　1998. 3
 2　作文教育との出会い──蒲池文雄先生に学びて──
      愛媛大学作文の会機関誌「坊ちゃん列車」47号　1991. 3
II 日本事情・日本文化の授業
 3　「日本文化・時事問題」の授業　　「坊ちゃん列車」45号　1989. 3
 4　「日本語スピーチコンクール」指導の経過と考察
         「坊ちゃん列車」46号　1990. 3
 5　俳句授業の試み──留学生は俳句をどのように受けとめたか──
         「坊ちゃん列車」53号　1997. 3
 6　日本人と宗教──「日本事情Ｉ」の授業──
         「坊ちゃん列車」52号　1996. 2
 7　日本の文化・俳句の授業──「日本文化」教材としての俳句──
         「坊ちゃん列車」57号　2001. 3
 8　日本における平和教育──「日本事情Ｉ」の授業から──
           2001年10月　稿
III 日本語・日本事情の実際
 9　「日本語・日本事情」の授業の実際とその問題点（その１）
      鳴門教育大学『実技教育研究Ｉ』　1991. 3・20
 10　「日本語・日本事情」の授業の実際とその問題点（その２）
      鳴門教育大学『実技教育研究II』　1992. 3・20

Ⅳ 留学生への作文指導と文集作り
　11　習熟度別作文指導の実際と文集作り
　　　　　　　　　　　　　　　　　「坊っちゃん列車」50号　1994.3
　12　留学生の作文にみる日本及び日本人
　　　　　　　　　――「日本事情Ⅰ・Ⅱ」の授業を通じて――
（「坊っちゃん列車」58号（2002.3）に手を入れて、実践のプロセスを示し、作文例を補った。）

2

縁あって、日本語教育に携わってきたのは、次のような学校においてである。いつの場合も、未熟な私を好意的に受け容れ、まかせていただいた寛容さと信頼に、ただただ感謝申しあげる。

　1　日本文理大学附属日本語専門学院（大分市）　　　（1985.4～1987.7）
　2　中国　南開大学外文系日語科（天津市）　　　　　（1987.8～1988.7）
　3　中国　南開大学外国語学院日本語学科　　　　　　（1998.9）
　　　　［3・4年生及び院生に対する俳句授業　集中　約60名］
　4　鳴門教育大学留学生共通教育　日本語フォローアップ授業
　　　　　　　　　　　　　　　　　　　　　　　　　　（1990.4～1992.12）
　5　徳島大学全学共通教育　日本語教育　「日本事情」
　　　　　　　　　　（1995年度は　前期　「日本事情Ⅰ」担当）
　　　　　　　　　　（1996～1999は「日本事情Ⅰ・Ⅱ」担当）

3

89年からは、徳島大学開放実践センターを会場として、下記のような日本語教育講座（国際日本語普及協会の講師による）が開かれ、受講できたことは幸運であった。西尾珪子先生をはじめ講師の先生方からノウハウとともに、情熱をいただいた。

　○　日本語教育法基礎編　　　　　　　　　　　　　（1989.10.16～27）
　○　日本語教育法中級編　　　　　　　　　　　　　（1990.2.19～3.2）

おわりに

○　日本語教育法　経験者のためのステップアップ日本語教育法
(1994. 1. 25～2. 4)

　この講座の受講者の有志が中心となって、徳島「日本語クラブ」を発会させた。日本語教育についての月例研究の場がもたれるようになり、多くのことを学んだ。

4

　外国人留学生からの求めに応じて、俳句を取りあげることができたのは、野地一枝先生主宰の句会に参加できたからである。日本俳人協会会員として、早くから研鑽を積んでおられる先生に、鳴門の地での句会に誘っていただき、楽しく学ぶことができた。外国人留学生たちが日本文化としての俳句に興味をいだくようになったのは、一枝先生の俳句への愛着に接することができたお蔭である。改めてお礼申しあげる。

　鳴門教育大学の『実践教育研究Ⅱ』(1992. 3) においては、豊永彩子さんが初級の実践報告を担当している。そのまま登載することを快諾していただいた。感謝申しあげる。

　私事にわたって恐縮であるが、娘典子も在学中から、各地の日本語教育に関する講座に参加し、修士課程修了後、広島大学今田滋子先生のもとで研究生として学び、日本語教師の道を歩みはじめた。縁あって、中国・南開大学、遼寧大学において、3年間日本語教師を勤め、いまは東京で日本語教育に携わっている。世界の若者たちが、ことばを通じておたがいを理解し合い、戦争のない平和な世界を築いていってほしいと切に願っている。

　私にとって、「日本語・日本事情」の授業は、模索の道程であった。その道で常にバック・ミュージックのように、心に流れる詩に励まされつづけた。

「(略) 人は黙々として　ある限りの悩みを　土に種蒔きつつ、収穫 (とりいれ) つつ　すべて終りなき営みは　さびしいけれども　力に溢れ満ちたり」　富田砕花 [言葉]

　恩師野地潤家先生のご講義「話しことばの教育」(第Ⅰ編　第1章) のおわりに、50余年前にいただいた詩である。ことばの大地に、「種蒔きつつ収穫つつ」折りにふれてまとめてきた記録を、野地潤家先生は、1冊の報告書にするようにと、構成の案まで作って勧めてくださった。とるにたりない実践と引きさがっていた私も、意義があるとかないとか、躊躇していることはできなかった。とにかく前へ進むこととし、手を入れたり、補ったりしはじめたが、思いのほかに手間どり、それから1年を経ようとしている。

　本書がこのようなかたちで刊行できますのは、野地潤家先生の長年にわたるお導きによります。そのうえ、先生には、「まえがき」におきまして、身にあまるおことばをいただきました。心から御礼申しあげます。

　　2002 (平成14) 年6月10日

　　　　　　　　　　　　　　　　　　　　　　　　橋　本　澄　子

著者 橋本　澄子（はしもと　すみこ）

略歴
1929年仁川に生まれ、小学校4年生から敗戦までソウルで過ごす。
1959年愛媛大学教育学部卒業。愛媛大学附属小学校・幼稚園教諭。
1961年から10年間、広島女子商学園中・高等学校教諭。
その後、広島県立高等学校などの講師を勤めた。
1985年から、日本語教育に携わり、日本文理大学附属日本語専門学院講師（2年間）
中国南開大学日語科講師（87年から1年間）
鳴門教育大学講師（90年から3年間）
徳島大学講師（95年から5年間）を勤めた。

住所　徳島県板野郡松茂町中喜来字中瀬中ノ越11-44（〒771－0212）

日本語教育への道程
——日本語・日本事情の授業の軌跡——

平成14年7月10日　発行

著　者　橋　本　澄　子
発行所　㈱溪　水　社
　　　　広島市中区小町1－4（〒730－0041）
　　　　電　話（082）246－7909
　　　　FAX（082）246－7876
　　　　E-mail:info@keisui.co.jp

ISBN4－87440－698－X　C3081